U0722180

# 西南地区乡村振兴实施路径研究

## ——基于乡村重构与转型的分析框架

胡书玲 ◎ 著

重庆大学出版社

## 内容提要

本书基于"重构特征—转型机理—振兴路径"逻辑主线，沿着"背景与问题—视角与框架—过程与特征—因素与机理—个案与效应—模式与路径"的研究思路，试图构建乡村地域系统重构/转型/振兴的理论框架，在此基础上，综合运用地理学、生态学、社会学原理和方法，着重探讨乡村地域系统重构与转型的演变规律以及振兴路径，期望为乡村振兴的地理研究提供启示，为案例地区的实践发展提供参考。

**图书在版编目（CIP）数据**

西南地区乡村振兴实施路径研究：基于乡村重构与
转型的分析框架 / 胡书玲著. -- 重庆：重庆大学出版
社，2024.9. -- ISBN 978-7-5689-4410-6

Ⅰ. F327.7

中国国家版本馆 CIP 数据核字第 2024MN7295 号

### 西南地区乡村振兴实施路径研究
—— 基于乡村重构与转型的分析框架
XINAN DIQU XIANGCUN ZHENXING SHISHI LUJING YANJIU
——JIYU XIANGCUN CHONGGOU YU ZHUANXING DE FENXI KUANGJIA

胡书玲　著

特约编辑：谢冰一

责任编辑：尚东亮　　　版式设计：谢冰一
责任校对：刘志刚　　　责任印制：张　策

\*

重庆大学出版社出版发行
出版人：陈晓阳
社址：重庆市沙坪坝区大学城西路 21 号
邮编：401331
电话：（023）88617190　88617185（中小学）
传真：（023）88617186　88617166
网址：http://www.cqup.com.cn
邮箱：fxk@cqup.com.cn（营销中心）
全国新华书店经销
重庆华林天美印务有限公司印刷

\*

开本：720mm×1020mm　1/16　印张：12.75　字数：183 千
2024 年 9 月第 1 版　　2024 年 9 月第 1 次印刷
ISBN 978-7-5689-4410-6　定价：39.00 元

本书如有印刷、装订等质量问题，本社负责调换
版权所有，请勿擅自翻印和用本书
制作各类出版物及配套用书，违者必究

# 前　言

现代化是近现代人文社会科学最重要的研究范式之一,工业主义是现代化大厦的最重要支柱之一。在日益工业化、城市化和全球化的世界中,乡村的存在形态、功能角色、价值行为正在发生巨变。20 世纪 70 年代以来,西方世界的乡村重构大致可以划分为经济要素主导、社会要素主导、综合要素主导 3 个演变阶段;与此相对应,乡村转型则经历了生产性乡村、消费性乡村、多功能乡村、全球化乡村等功能性变化过程。20 世纪 80 年代末,中国东部沿海因乡村工业化诞生了超级村庄。20 世纪 90 年代,乡村人口的持续外流导致空心村的出现,多数乡村则因逐渐边缘化而走向衰落。现代中国曾经历乡村振兴的百年探索,当代中国乡村振兴仍任重道远。

本书基于"重构特征—转型机理—振兴路径"逻辑主线,沿着"背景与问题—视角与框架—过程与特征—因素与机理—个案与效应—模式与路径"的研究思路,试图构建乡村地域系统重构、转型、振兴的理论框架,在此基础上,综合运用地理学、生态学、社会学原理和方法,着重探讨乡村地域系统重构与转型的演变规律,以及振兴路径,期望为乡村振兴的地理研究提供启示,为案例地区的实践发展提供参考。

全书主要围绕以下 6 个方面内容展开。

(1)乡村重构与转型的理论研究。通过审视乡村地域系统的要素、结构、功能及其关联理论,以乡村地域功能变化为主线构建乡村重构、转型、振兴的地理学分析框架,进一步提出其定量分析思路。乡村地域系统由人类活动子系统与地理环境子系统及相互作用形成具有一定要素、结构和功能的有机系统。基于乡村地域系统的乡村重构、转型、振兴具有内在逻辑关联,乡村重构推动着乡村地域功能变化,乡村转型表征了乡村地域功能变化,乡村振兴标志着乡村地域功能优化。

（2）西南地区典型省域乡村发展基础分析。贵州具有西南山地地区的典型特征。自然地理环境方面，贵州山地占国土总面积的92.5%，为典型的山地喀斯特地貌；人文地理环境方面，贵州世居少数民族有17个，为典型的少数民族聚居地；自然地理环境与人文地理环境叠加凸显贵州乡村发展基础的薄弱性。

（3）基于要素-结构关联，构建综合指标体系解析乡村重构特征。以产业投入产出为基础，选择特征变量表征经济重构；以人口承载为核心，选择特征变量表征社会重构；以土地的破碎化过程为导向，选择表征空间重构的相关指标。最终构建经济重构、社会重构、空间重构综合指标体系，乡村重构综合指数的大小表征乡村地域系统重构的剧烈程度。时间变化方面，贵州乡村重构大抵具有"以农业结构变化为主的经济重构—以农村人口流动为主的社会重构—以城乡建设用地变化为主的空间重构"等不同阶段特征；空间分异方面，贵州乡村重构呈现高值区沿城市与周边以及交通干道聚集、低值区沿山区及周边聚集的空间非均衡性特征。

（4）西南地区典型省域乡村转型机理解译。乡村转型是工业化、城镇化、市场化等外源驱动与经济重构、社会重构和空间重构等内生响应耦合作用的结果。以内外关联分析辨识影响因素，以多重结构分析解译作用机理。以外源驱动因素和内生响应要素及指标为解释变量、乡村地域功能指数为被解释变量，分乡村综合功能指数、分维功能指数和分项功能指数3个层次，构建多元线性回归模型解译影响因素的作用路径。贵州乡村转型以外源驱动为主要作用机制，可以提供78.6%的解释水平。工业化、城镇化、乡村经济重构是主要影响因素，对贵州乡村地域农本功能起到正向或负向作用。

（5）西南地区典型村域个案研究。选取全国最大的苗族村寨西江村为研究对象，以地理学人地关系地域系统理论和社会学行动者网络理论为基础，将民族志（深度访谈）与空间分析等定性与定量方法相结合，以2005年、2012年、2020年为研究节点，从村域尺度揭示山地民族村寨乡村重构与转型的规律。乡村重构与转型宏观层面的指标选择逻辑和定量测度在微观层面仍有效，同时凸显了村域层面的微观特征和地理逻辑,西江转型的典型效应是超级旅游专业村的诞生,为贵州乡村振兴指明了发展方向。

(6)西南地区典型省域乡村振兴路径解构。乡村振兴是在政府引导下的自觉重构与转型推动的乡村地域功能优化与强化,探寻乡村转型机制中的主控因素以及针对乡村转型的地域空间分异的分区划分,提取主导功能,以主导功能概括贵州乡村振兴模式,以主控要素与转型效应叠加探寻乡村振兴路径。以主导功能为发展方向,分类实施乡村振兴战略路径。贵州乡村振兴的实施路径为在政府政策等外力作用下,构建"黔中带动、南北支撑"的发展格局。大力提升贵州乡村地域生产功能、生活功能、生态功能,以山地民族为特色发展乡村旅游是西南地区培育乡村新动能的主要途径。

本书在研究和出版的过程中得到国家自然科学基金"西南民族村寨重构与转型:特征、机制及路径"(项目号:42261035)和国家自然科学基金"江汉平原乡村生活空间变化:规律机制及效应"(项目号:41671179)的联合资助,在此表示感谢!

西南地区的乡村处于不断的发展和变化中,乡村振兴的理论支撑和实践检验亦具有特殊性和复杂性,由于作者学科背景和科研能力的局限,本书的撰写难以做到毫无纰漏,不当之处敬请各位读者包容并批评指正。

胡书玲

2023 年 12 月

# 目 录

# 第1章 绪 论

## 1.1 研究背景

### 1.1.1 实践背景：与工业化和城镇化相伴而生的乡村衰落日益凸显

工业化和城镇化是人类发展不可逆转的潮流,也是一场影响久远的深刻革命。一般而言,工业化和城镇化总是带来经济繁荣和社会进步,与此同时,乡村衰落也总是不可避免地随着这一历史进程而发生。20世纪80年代以来,随着改革的不断深化和经济的持续增长,工业化、城镇化进程持续推进,2018年,城镇化率已达59.58%。工业化、城镇化使乡村劳动力、资本、土地向城市集中(乡村人口从1995年的最高峰8.6亿下降到2018年的5.6亿),制约乡村可持续发展,乡村地区逐渐"衰败"。

工业化和城镇化引致乡村功能发生变化,人口流动引致乡村衰落日益凸显。乡村人口转移引发农村"空心化",进而导致传统农业效益低下、产业发展滞后,最终引致土地撂荒、宅基地闲置、土地资源利用效率低下,同时引发乡村景观与乡村文化日益退化等一系列社会经济问题。当代中国,乡村地域系统发展面临人口老弱化、土地空废化和产业滞后化的困境,"农村空心化""农业边缘化"和"农民老龄化"等新"三农"问题已成为实现共同富裕的短板和解决现阶段主要矛盾的关键。摆脱乡村衰落日益凸显的困境,走向振兴之路则是乡村面临的现实挑战和必然选择。

### 1.1.2 政策背景:乡村振兴是新时期中国实施的一项重大战略

2004—2018 年连续 15 年发布以"三农"(农业、农村、农民)为主题的中央一号文件,强调了"三农"问题在社会主义现代化时期"重中之重"的地位。2005 年,中共十六届五中全会提出要扎实推进新农村建设。2017 年,党的十九大提出实施乡村振兴战略的重大历史任务,在我国"三农"发展进程中具有划时代的里程碑意义,并进一步强调"我国人民日益增长的美好生活需要和不平衡不充分的发展之间的矛盾在乡村最为突出,乡村兴则国家兴,乡村衰则国家衰"。

乡村振兴,产业兴旺是重点、生活富裕是根本、生态宜居是关键,其实质是强化乡村地域功能。乡村振兴,要求统筹城乡发展空间、优化乡村发展布局、分类推进乡村发展,其实质则是优化乡村地域功能。乡村地域的功能异化或退化是乡村重构的作用结果和乡村转型的表现形式,重组乡村地域系统要素、重塑乡村地域系统结构成为推动乡村振兴的逻辑必然,实施乡村振兴的理论前提是准确把握乡村重构、转型的特征与机制。

### 1.1.3 理论背景:联结乡村衰落与乡村振兴的乡村重构、转型理论急需深化

现代化是近现代人文社会科学重要的研究范式,工业主义是现代化大厦的最重要支柱之一。工业化和城镇化驱使以土地、资本和劳动力为核心的乡村发展要素发生重大变化,进而导致乡村地域系统的要素结构和地域功能发生了一系列的转变,乡村重构、转型在一定程度上引发了乡村衰落,并由此诱发了城镇化背景下对乡村前途的忧思,产生了建设什么样的乡村的政策困惑,但摆脱发展困境、优化或强化乡村地域功能、走向振兴之路是乡村发展面临的现实挑战

和必然选择。基于此,加深对中国各类乡村重构与转型的实践认知并夯实其理论基础,是新时期中国乡村地理学的首要任务。但国内学术界对乡村重构与转型的理论内涵并未形成统一的认识,系统性理论架构有待深入,乡村重构、转型理论急需系统、全面深化。科学认识中国乡村重构特征、准确揭示当代乡村转型规律,为乡村振兴夯实理论基础,为乡村振兴决策提供信息。

## 1.2　研究意义

在快速工业化和城镇化发展背景下的当代中国,乡村重构、转型既是人文地理科学亟待开发的理论富矿,又是乡村振兴和可持续发展有待破题的重要问题域。本书立足城乡发展不平衡不充分的宏观背景,以山区为自然地理环境,以民族地区为人文地理环境,以 2000—2018 年为研究期,以县域—村域为研究尺度,以西南地区贵州为案例区,以乡村地域功能变化为切入点,以乡村地域功能变化为主线融贯乡村重构、转型、振兴,尝试构建乡村重构、转型与振兴的分析框架。分析框架运用系统的视角以及方法论的整合来理解和分析乡村地域系统的复杂性,研究基于不同地理环境在城镇化背景下,乡村地域系统演变规律(要素构成、变化过程、空间联系、影响因素和作用机制)。本书具有重要的理论意义和实践价值。

### 1.2.1　理论意义：有利于推动乡村重构、转型理论研究的深化

从乡村重构、转型系统性、综合性视角研究当代中国乡村尚处于初期阶段,并与国外乡村重构、转型研究存在差距。本书从乡村地域系统客观运行过程出发,立足于当代中国乡村发展问题,阐释乡村重构、乡村转型、乡村振兴的内涵和关系,在此基础上建立乡村重构过程、乡村转型方向、乡村振兴模式相互关联的综合分析框架,有利于推动乡村重构、转型理论研究的深化,有助于形成中国乡村地理的研究特色,推动乡村研究的理论创新。

### 1.2.2　实践意义：有助于为山地民族地区实现乡村振兴提供科学依据

现阶段，中国乡村衰落日益凸显，从而导致中国当前阶段主要矛盾在乡村最突出，乡村振兴成为国家战略。贵州为典型的山地喀斯特地貌和少数民族聚居地，土壤资源短缺，山峻坡陡、岩石裸露，呈现出"先天不足"的乡村发展自然地理基础。社会经济方面，发展的质量和效益、发展的不平衡不充分的问题仍较突出，乡村发展的社会经济基础相对落后。贵州乡村振兴任重而道远。在乡村重构、转型研究中，对东部沿海、中部农区甚是偏爱，西北干旱地区也有涉及，唯独西南地区研究成果甚少；研究尺度上多以省域和县域为主。因此，本书以西南地区贵州省为案例区，以县域与村域为研究尺度，对西南地区乡村重构、转型进行系统研究，有助于为西南相对落后地区实现乡村振兴与可持续发展提供科学依据。

## 1.3　研究思路

### 1.3.1　明确研究目标

在实现全面小康社会的战略目标和乡村可持续发展观的视野下，乡村重构、转型作用下的乡村衰落问题成为研究前沿。由于乡村地域系统的复杂性和综合性，发挥地理学综合性优势，乡村地理学理应贡献智慧与力量。本书以乡村地域系统为研究对象、乡村地域功能变化为主线，以西南地区贵州省为案例，确定研究目标如下。

①立足乡村地域系统，界定乡村重构与转型的内涵与关系，融贯乡村振兴，建立地理学视野下乡村重构、转型、振兴的理论分析框架。

②梳理乡村重构特征、辨识乡村转型方向、揭示乡村重构、转型机制与效

应,研究西南地区贵州乡村地域系统演变规律,提供案例研究示范。

③探寻乡村振兴模式和振兴路径,提供从乡村衰落通往乡村振兴的地理理论依据和信息基础。

## 1.3.2 设计研究内容

本书以乡村地域系统为研究对象,以人地关系理论为基础,以乡村地域功能变化为主线,从乡村地域系统"要素—结构—功能"出发,全文的逻辑主线为"重构特征—转型机理—振兴路径",对研究内容的结构作如下安排:背景与问题—视角与框架—过程与特征—因素与机理—个案与效应—模式与路径。乡村重构、转型、振兴具有内在逻辑关联,在已有研究的基础上,构建地理学视角下的乡村重构、转型、振兴的理论分析框架和定量分析思路。宏观方面,以西南地区贵州省为例,以2000—2018年为研究期,以县域为研究尺度,从乡村重构特征、转型机制、转型效应、振兴路径4个方面进行具体研究。微观方面,以西南山地民族地区典型民族村寨雷山县西江村为例,以村域为个案研究尺度,延续宏观层面的研究思路,补充微观层面的例证,显化山地民族地区村寨重构、转型、振兴的内在逻辑和演变规律。

尝试构建乡村重构、转型、振兴的理论分析框架。基于乡村地域系统要素、结构、功能视角,立足人地关系理论,以乡村地域功能变化为主线,构建当代中国乡村重构、转型、振兴的理论分析框架,阐释乡村重构与转型的内涵与关系,并在分析框架的基础上解析乡村重构与转型与乡村衰落与振兴的内在关联。

宏观层面,以贵州省为例,揭示山地民族地区县域尺度乡村重构特征、转型机理与转型效应。乡村地域系统具有复杂要素联系,以系统内部要素变化解析乡村重构特征。以结构—功能关联选择特征指标,以综合指标体系解析重构特征。乡村地域系统具有复杂驱动机制,外源驱动与内生响应耦合解译乡村转型机理。以城乡地域功能比较审视乡村转型总体效应,以乡村农本功能变化评估乡村转型主体效应。

微观层面,以贵州省雷山县西江村为例,解析山地民族地区村域尺度乡村重构与转型的特征、规律与效应。在县域层面选择指标逻辑的基础上，梳理西江村的经济重构、社会重构、空间重构特征；引入行动者网络理论揭示西江乡村转型机理，以具象人地关系透视西江乡村转型效应。

宏观与微观相融合，探析山地民族地区乡村振兴模式、路径以及政策启示。运用 SOFM 模型进行乡村地域功能分区，立足乡村振兴发展，进行功能分区。基于分区功能提炼乡村振兴发展类型，将主导功能归纳为乡村振兴发展模式。提取乡村转型中的关键要素，即为影响乡村振兴发展重要要素，以内部要素为基础重新组合乡村地域功能结构，以外部因素影响完善乡村振兴发展环境。以提升贵州乡村地域生产功能、生活功能、生态功能为主要目的，总结贵州乡村振兴的政策启示。

### 1.3.3　选择研究方法

#### 1）地理学研究方法为主，多学科研究方法为辅

乡村地域系统是一个开放、复杂的系统，要素组成及相互作用复杂多变，作为核心要素的人口和产业，其早期研究多为社会学和经济学研究者进行。地理学作为一门具有综合性研究优势的学科，在后期的乡村重构、转型研究中发挥了主导作用，本书以地理学的时空研究方法为主导，适当吸收社会学（民族志深度访谈）、经济学、生态学方面的研究方法，从学科综合角度予以研究。

#### 2）实证分析与结构分析相结合

以实证分析揭示空间规律，以结构分析阐释空间机制；运用多元线性回归辨识主控因素、SOFM 模型提炼主导功能；通过结构分析来认识乡村地域系统的多层次结构及相互作用机理。

#### 3）统计分析与空间分析相结合

以空间分析刻画重构与转型时空变化，以统计分析阐释驱动机制。"转型机制"涉及多因素的综合作用，辨识主控因素，多元回归分析能够提供有力工具；"地域功能的时空变化"内含地理属性，GIS 空间分析能够提供有效技术支撑。

## 1.3.4 勾画技术路线

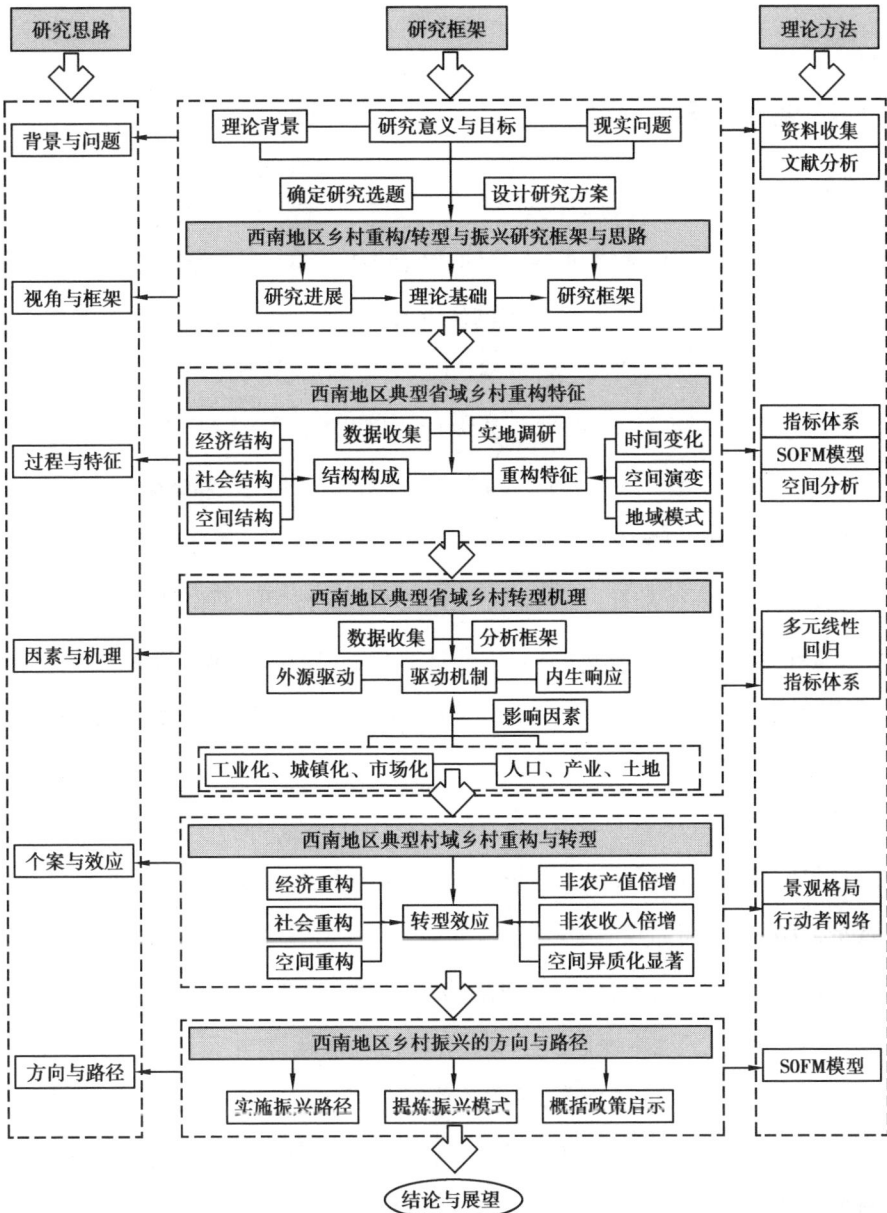

图 1.1 技术路线

# 1.4 案例说明

## 1.4.1 区域背景

西南地区的范围界定随着经济社会的发展以及研究导向的不同,其范围涵盖过四川、重庆、云南、贵州、西藏、广西;结合本地区的民族迁徙历史、地理环境相似性、本书的研究目标,参考已有的研究基础,西南地区主要包括位于中国西南部(97°21′E—110°11′E、21°8′N—34°19′N)的四川、重庆、云南、贵州这 3 省 1 市,含 47 个地市级行政区、445 个县级行政区,总面积 1.13×10⁶ km²,总人口 1.97 亿,人口密度为 174 人/km²;西南地区属于典型的亚热带季风区,雨热同期,年均降雨量在 1 100 mm 以上。

从自然地理环境来看,西南地区以山地为主要特色。西南地区可以划分为 3 个地形单元,分别为西北部高山、中部盆地和西南部的高原。西南地区除四川盆地以外,剩下均为山地和高原,且占 80% 以上,分别为横断山脉、若尔盖高原、云贵高原。

从人文地理环境来看,西南地区以少数民族风情、连片相对贫困为主要特征。最早记录这一地区民族分布情况的是《史记·西南夷列传》,司马迁叙述了西南地区南部、西南部和西部的少数民族,分布在今天的贵州西部、云南的中东部和四川南部,从战国到西汉,将西南的民族统一命名为"西南夷"。据以上分析和图 1.2 可得出,西南地区从历史发展脉络上来看,存在民族发展相互融合、较大的民族结构相似性的规律,数千年的民族迁徙和发展,造就了西南地区少数民族风情凸显的人文地理环境。云南现有 26 个世居的少数民族,贵州有 17 个世居少数民族,四川有 11 个世居少数民族,分列全国第一、第二、第五位。

拥有山地的自然本底、保存完好的民族风情的西南地区往往存在一类特殊的地理空间(相对贫困地区),且占比较大。2011 年,国务院扶贫办(现为国家乡村振兴局)划定了 11 个集中连片特困地区,其中西南地区占据 5 个,分别为乌蒙山片区、武陵山片区、滇桂黔石漠化片区、秦巴山片区、滇西边境山区。相较于东部地区,西南地区面临着严峻的自然本底脆弱、设施配套落后、内生动力不足等问题,摆脱相对贫困、衔接脱贫攻坚与乡村振兴成为西南地区乡村发展的首要任务。2020 年,贵州全部实现脱贫后,成为继脱贫攻坚的主战场后的乡村振兴重点区域。

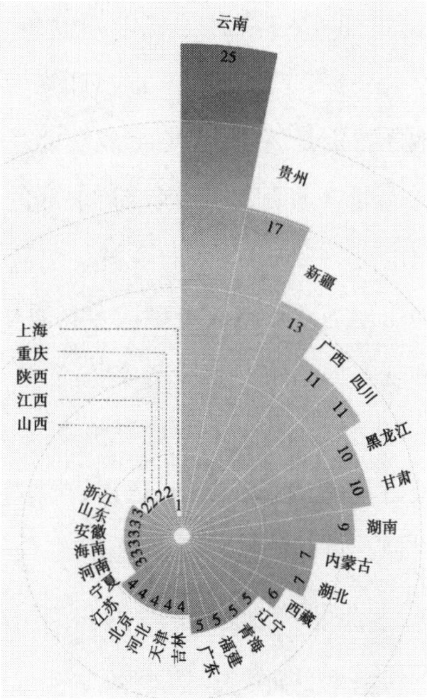

图 1.2　中国各省(自治区、直辖市)世居少数民族分布图

(无港澳台数据)

### 1.4.2　案例选择

#### 1)典型省域选择——贵州省

贵州作为西南地区的省份之一,自然地理环境、人文地理环境以及乡村发展历程均具有典型性,基于大量的实地考察,综合考虑地域类型、乡村重构与转型的代表性,最终选定贵州省作为县域尺度乡村重构与转型的案例。

从自然地理环境来看,西南地区主要特色是山地占比较大,贵州省作为没有平原支撑的省份,地貌可概括分为高原山地、丘陵和盆地 3 种基本类型,其中92.5% 的面积为山地和丘陵,境内山脉众多、重峦叠峰、绵延纵横;从人文地理环境来看,多彩和谐的少数民族文化是贵州人文地理环境最鲜明的印记。贵州世居少数民族有 17 个,其中超过 10 万人口的少数民族有 9 个,苗族、布依族、侗族、土家族、彝族人口均超过 80 万,少数民族人口总量在全国排名第四位;全省

88个县(市、区)均有少数民族分布,253个民族乡(民族乡个数排名全国第一位)。从乡村发展历程来看,对比东部乡村工业化与中部农业现代化的道路,西南地区特别是贵州,立足于多功能乡村,经历了乡村旅游化的发展道路,目前,乡村地理学术研究多从东部、中部的乡村重构与转型研究出发,从乡村旅游化的角度,探究西南地区的乡村重构与转型,衔接脱贫攻坚与乡村振兴,探寻贵州作为山地喀斯特地貌类型区乡村重构、转型与乡村振兴的道路,颇为少见,其理论和现实意义巨大。脱贫攻坚前,贵州88个县(市、区)有65个是贫困县,11个连片特困片区有3个与贵州相关,形成了"六山"贫困地区(六山分别为武陵山、乌蒙山、雷公山、月亮山、瑶山、麻山),在2020年11月23日宣布全部脱贫,但乡村振兴道路仍然任重而道远。

### 2)典型村域选择——黔东南州雷山县西江村

根据本书研究需要,村域案例地的选取以能够代表西南地区乡村主要发展路径,且近年来社会经济形态和地域空间结构正在发生持续重构与转型为基本原则。结合大量实地考察以及对贵州典型民族村寨乡村发展状况和历程的掌握,最终选定贵州省黔东南苗族侗族自治州雷山县西江村作为典型村域案例(苗族人口占99.5%,又称西江千户苗寨)。其典型性主要体现在以下3个方面。一是地理环境具有山地型自然地理环境和少数民族聚集的人文地理环境相融合的典型性,西江村位于贵州主要山脉之一雷公山脚下,正是少数民族的吊脚楼偎依山势、鳞次栉比,让其在众多的民族村寨中脱颖而出,寨前发源于雷公山的白水河蜿蜒而过,是典型的山地型自然地理环境;西江村是世界最大、原始生态文化保存较为完整的苗族聚居地,拥有浓郁的苗族风情,苗族建筑、服饰、银饰、语言、饮食、传统习俗不但典型,而且保存完好。二是西江村立足于多功能乡村,在贫困发生率最高的地区走出了一条特色乡村旅游化发展道路(黔东南州贫困发生率为贵州省最高,为21.7%),年游客接待量达到400万人以上。2018年,政府以民族文物保护费形式下发至当地村民,人均5 730元,开启了全国民族村寨旅游新模式,形成了西部山地贫困地区民族村寨的可推广的经验。三是西江村历经了民族旅游的迅速发展过程,从传统农业生产转向旅游业发展,社会经济形态和空间结构经历了剧烈的重构与转型过程,面临着新的转型发展。探索典型民族村寨的重构特征与转型机理,并通过系统的要素、结构与功能视角,将其与乡村振兴进行连接,研究重构过程与转型机制,为西南地区发挥独特的资源优势、实施乡村振兴路径提供理论借鉴和信息支撑。

# 1.5 数据来源

由于本书是以 2000—2018 年为研究期、多尺度的综合研究,涉及数据较多。按照数据资料类型,主要来源如下。

①社会经济数据。本书以贵州省 78 个县市为县域研究对象(贵州共 88 个县市,不包括贵阳市、遵义市、六盘水市 10 个市辖区),即 78 个空间单元。县域社会经济发展数据主要来源于《中国县(市)社会经济统计年鉴》《贵州统计年鉴》,以及贵州各市州统计年鉴、各市州国民经济与社会发展统计公报。村域社会经济发展数据主要来源于西江镇政府、西江旅游发展公司提供的政府文件及相关经营数据。

②空间数据。贵州土地利用栅格数据及县域行政边界来源于中国科学院资源环境科学数据中心提供的 30 m×30 m Landsat TM 遥感影像解译数据,主要包括 2000 年、2005 年、2010 年、2015 年、2018 年五期土地利用数据。西江村域土地利用数据主要来源于西江镇政府提供的各年度编制的城乡规划与旅游规划,以及雷山县自然资源局提供的 2020 年 0.05 m×0.05 m 高清卫星影像图以及国土二调和三调数据。

③调研数据。笔者在贵州工作 13 年,因工作与调研需要,调研过贵州 88 个县(市、区)中的 78 个,收集了贵州社会经济发展和乡村发展相关的资料和数据。笔者在 2008 年、2013 年及 2019 年至今,多个时间节点深入贵州黔东南州雷山县西江村调研,特别是 2019 年以来,参与了调研西江在全域旅游发展中的

作用、国家 4A 级旅游景区发展存在问题以及国家 5A 级旅游景区申报等相关工作;2021 年 4 月 22—24 日,笔者在西江进行了为期 3 天的深度访谈,访谈了本地村民、本地商户、外地商户、旅游行政管理部门工作人员、外地务工者,共访谈了 16 人,从微观层面收集村域乡村重构与转型所需社会经济和空间数据。

# 第 2 章　理论基础与研究述评

## 2.1　理论基础

### 2.1.1　系统论

20 世纪,系统科学为认识组织性、复杂性、非线性问题提供了新的起点和理论基础。系统论的基本观点为自然界与人类社会都是系统的,系统是由要素组成的整体,具有一定的结构与功能,是系统存在的基本方式和属性。由于系统的要素、结构、功能在外部的信息交换过程中显现程度的不同,使系统与环境的交互呈现非线性的耦合特征。系统内的系统核或整体核是指系统内某个部分在物质、能量、信息上都优化于该系统的其他部分的要素、结构、功能,一个系统仅有一个系统核。

1）系统的要素与结构

系统的要素是描述客观世界中的具有共同特性和关系的一组现象的抽象,系统的结构是指组成系统整体的诸要素之间时空相互联系的总和。要素的特性、要素的联结方式即时空秩序界定了系统的结构性质。不同性质的要素构成不同性质的系统结构,要素的联结方式推动系统结构性质的差异性转化为现实性。系统结构是系统物质世界本身所固有的,也是相对稳定的,但是构成要素的运动和外界环境的影响会引发系统的结构的变化。

### 2）系统的结构与功能

系统具有一定的结构，一定的结构表现出一定的功能。功能是结构的外在表现形式，是系统与外部环境相互联系和相互作用中表现出来的性质、能力和功效。功能与环境息息相关，环境的变化影响系统的内在结构构成，系统的功能也随之改变，系统的主体功能发生了变化，系统的性质也随之改变。在系统中，结构与功能相互作用，系统的结构制约着系统功能，功能在不断变化的环境影响下，反作用于系统的结构，促进系统结构的改变，变化后的结构可能具备更优的功能。总之，系统的结构与功能的相互作用推动了系统的演变。

## 2.1.2 人地关系地域系统理论

人地关系地域系统理论是地理学研究的基础理论。人地关系地域系统是由人类活动和地理环境两个子系统交错构成的开放的复杂巨系统，具有一定的结构与功能。人地关系是一种非线性、原理平衡状态的耗散结构，在一定条件下，人与地通过非线性的相互作用，能够产生协同现象或相干现象，由两个系统交错构成的人地关系地域系统在宏观上产生特定的时间结构和空间结构，形成具有一定功能的自组织结构，表现出有序状态。人地关系地域系统研究的核心是人与自然相互影响与反馈作用，研究的目标是协调人地关系。人地相互作用形成的结构、功能、过程和效应以及人地作用区域分异特征是人地关系理论的主要内容。解释人地相互作用的关键是要揭示地域功能的成因。区域之间相互作用影响决定着地域功能的形成和演变，并形成一定的空间结构。地域均衡的驱动力作用，是时空变异呈现出"有序化"的过程的原因。通过认知这种有序化规则、通过影响成因及演变要素探究其变化路径，实现科学组织。人地关系理论的精髓是系统结构化、地域功能性、时空格局以及利用人地系统效应的差异性进行调控。

开放系统、流空间导致全球人文与经济地理格局发生最本质的变化。在开放系统条件下城乡之间的交流的强度越来越大,流空间对于地域格局的解释程度已经在越来越多的领域超过了静止空间的解释程度。本研究立足于人地关系地域系统理论,将乡村地域置于开放系统和流空间的背景下,以乡村地域功能为主线,解释地域功能的成因,并提出优化乡村地域功能的路径。

### 2.1.3　景观生态学理论

"景观生态学"(Landscape Ecology)一词首先由德国著名的生物地理学家 Troll 于 1939 年提出。景空间格局和生态过程的相互作用是景观生态学的主要研究内容。一般来说,景观生态学的基本理论主要包括时空尺度、等级理论、耗散结构与自组织理论、空间异质性与景观格局、斑块-廊道-基底模式、岛屿生物地理学理论、边缘效应与生态交错带、复合种群理论、景观连接度与渗透理论。本研究主要基于斑块模式、景观连接度和空间异质性理论展开乡村地域空间重构的研究。

景观格局的基本组成单元是斑块,具有不同的形状、大小、边界性质以及斑块的距离,斑块构成生态带,调节着生态过程。景观空间结构单元相互之间连续性的量度主要通过景观连接度的测度来实现,尺度是影响景观连接度的关键要素,不同的尺度具有不同的景观格局特征和生态过程。空间异质性理论在 20世纪 90 年代得以迅速发展,主要包括系统或系统属性在空间上的变异性和复杂性。测度空间异质性的主要方法为测算空间单元的景观破碎度。景观破碎化(Landscape Fragmentation)过程是景观生态过程最重要的环节之一,是指由于自然或人为因素的干扰,景观要素由原来的连续转型为隔离和破碎、由同质转化为异质空间。景观破碎化过程主要表现为斑块数量增加、廊道被截断、斑块被隔离。

### 2.1.4　行动者网络理论

行动者网络理论源于科学知识社会学领域。20 世纪 80 年代中后期,行动者网络理论由卡龙、劳和拉图尔提出。理论的核心内容是广义对称性原则,主张对称看待自然-社会在科学研究中的作用,给予非人类因素以关键地位,重新连接自然和社会。这一理论在哲学意义上消除了传统的主体和客体、自然和社会的两分法,将宏观结构与微观行动相结合,构建了主体、客体的混杂实体,为揭示知识与社会的复杂联系提供了一种新的理论平台。

在广义对称性指导下,行动者网络理论由 3 个核心概念构建而成。这 3 个核心概念主要包括行动者、转译异和质性网络。行动者通过转译过程的展开,互相嵌入、共同建构或演进成一个异质性网络,并通过不断互相解释,界定各自在网络中的角色,将来自自然和社会两个方面的一切因素纳入统一的解释框架。转译作为网络连接的基本方法包括问题呈现、利益赋予、征召和动员 4 个环节。"问题呈现"是指核心行动者通过指出其他行动者利益的实现途径,使不同行动者关注的对象问题化,从而结成网络联盟,同时使核心行动者的问题成为实现其他行动者目标的"强制通行点"(Obligatory Points of Passage,OPP);"利益赋予"通过各种装置和策略强化问题呈现环节中对行动者的角色的界定,其结果是行动者被"征召"而成为联盟成员;"动员"即建议者上升为整个网络联盟的代言人(Spokemen),并对其他联盟者行使权力,以维护网络的稳定运行,在此过程中可能出现异议需要克服。

行动者网络理论与乡村发展息息相关。乡村地域中自然环境有着重要的主体地位,乡村生产活动依赖乡村自然环境提供的土地资源条件,乡村生活活动也是基于一定的自然环境中。行动者网络理论作为宏观结构与微观行动相结合的一种有效方法,用来解译村域系统运行机制,很好地揭示外部网络和地方网络结合、外部与地方交互连接的行动机制。

## 2.2　研究述评

### 2.2.1　国外乡村重构、转型研究进展

乡村重构、转型是西方国家乡村地理学研究的重要前沿课题,其学术渊源

可以追溯到 20 世纪 80 年代 *Annals of Rural Studies* 创刊。第二次世界大战后，由于西方国家的工业高速化发展和城市规模化扩张给乡村发展蒙上了阴影，发展格局呈现"乡村边缘化"，乡村地域和乡村研究颇受冷落。20 世纪 70 年代，西方国家工业发展因资源不足等而出现大幅度的下滑，引致全球性的经济危机，福特主义工业霸权主张逐渐衰弱。资本与产业开始渗透并改造西方国家的乡村和农业，并引发乡村地域持续经历重构与转型，乡村空间开始走向复兴。乡村研究亦从"一潭死水"迈入"乡村复兴"，跨入"一个了不起和重要的发展时期"，并于 20 世纪 80 年代下半叶由 Marsden 等提出了乡村重构、转型理论。西方国家乡村重构经历了从"资本、土地、产权"主导的经济维度重构到"话语、他者、建构"主导的社会维度重构，再到"主体、文化、网络"主导的综合维度重构阶段。乡村转型特征可凝聚为生产性乡村—消费性乡村—多功能乡村—全球化乡村的逻辑主线。乡村重构与转型研究也呈现以下 4 个阶段性视角。

**1）经济维度重构、转型为消费性乡村研究视角**

20 世纪 70 年代，西方以工业高速发展为特征的经济发展减缓，工业资本与金融资本联合国家干预开始进入乡村市场，部分制造业也开始迁往本国乡村；以农业生产为核心的生产主义遭遇危机，农业生产采用工业化的标准与技术，虽然大大提高了农业生产率，却导致农产品生产过剩，乡村家庭（农场主）农业收入减少，但也愿意接受新的资本和新的产业，以达到收入来源多样化的目的。资本的连续尝试，渗透和改造着西方国家的农业系统。

具有资本优势的中产阶层带着"乡村田园梦"嵌入乡村，打破了乡村主体的均质化格局，引发乡村空间异质化，乡村空间的异化对部分本地居民带有驱逐作用。新的主体与新的需求将乡村塑造成为城市社会的消费空间。乡村通过成为消费关系的可变储存库，对城市的吸引力越来越大；通过作为商品与服务的储存库，乡村资源价值链重新排序。最终将乡村生产活动的存在也归因于以消费为导向的关注。西方国家乡村由生产性乡村转向消费性乡村。

这个阶段，乡村重构侧重于经济重构，学者引用政治经济学理论剖析乡村重构。Marsden引入政治经济学研究由农场资本、土地权利、商业管理、土地关系4个要素构成的农业企业内部引发重构,导致以土地为核心的农业产权发生变化。有的学者从非农就业增加的角度研究乡村经济重构,认为乡村农业部门产生重构,部分制造业迁往乡村,二三产业的城乡流动日趋频繁,农业部门就业人口大幅度下降,而非农就业却迅速增加。有的学者关注到城市周边通勤地区最先出现侵蚀城乡二元结构现象,开始涉及中产阶层通过乡村空间重构有效满足其文化想象和生活体验的乡村空间重构研究。

**2)社会维度重构、转型为多功能乡村研究视角**

20世纪90年代,城市迁居群体持续嵌入,并通过对乡村空间进行再生产及其文化建构,将乡村弱势群体身份他者化,致使乡村主体更加多元化;乡村从以资本和土地为重心的经济维度重构转向以社会(他者)、空间(建构)为重心的社会维度重构。西方国家乡村的社会与空间、自然与文化、我者与他者二元问题越来越凸显,"中产阶层的力量发挥主导作用,他者只是部分角色"。乡村社会呈现中产阶层话语—乡村弱势群体他者化—共同建构乡村空间重构过程。Marsden从生产与消费、社会关系与社会行动、制度与权力的建构3个方面探寻乡村重构机制,表明西方国家乡村重构进入从经济重构转向社会重构、地方层面重构转向国家层面重构的深化发展阶段。

同时,西方国家环境保护的诉求也要求乡村具有农业资源保护、文化景观修复等多重功能。乡村主体多元化和生态环境的可持续发展催生了多功能乡村;1995年生效的乌拉圭回合农业协议(欧洲将其纳入欧盟共同农业政策的改革)则使多功能农业发展得到有效保障,多功能农业是多功能乡村的基础,从而从政策和实施层面促进了消费性乡村向多功能乡村转型。正如Potter和Burney所总结的那样,乡村是"多功能的,不仅生产粮食,还能维持乡村景观,保护生物多样性,创造就业机会,促进乡村地区的生存"。Losch和Hollander指出多功能的核心是乡村地理区位的特殊性以及经济、社会和环境的不可分割性。在西方国家乡村研究中,曾经用后生产主义来研究这种新形态的乡村,但后来部分学者强调后生产主义乡村只能用于描述乡村变化的一个特定(或相对)的过渡阶段,多功能乡村的概念与理论可能更适合描述当代乡村变化的可能的"终点"。Wilson 则暗示了后生产主义和多功能本质上是同义的,不同的概念只是决定了多功能在政策中是如何运作的。

这一阶段,后结构主义哲学在人文地理学界兴起,使乡村研究摆脱了政治经济学的局限性,实现了对乡村社会关系的整体性研究。后结构主义认为文化现象和社会现象是人类意识所产生的结构模式在外部世界的投影。核心思想是利用经济关系、社会关系和空间关系来解构整个资本主义社会,产生了"知识、话语、社会身份、我者、他者"这样的认识论的关键词,并强调关注与权力阶层相对应的社会弱势群体对社会及文化建构的重要作用。其中福柯和列斐伏尔的哲学思想在西方的人文地理学中产生了较大的影响,乡村地理研究者借助"话语、他者"以及强调关注社会弱势群体哲学主张来认识西方国家乡村社会结构的重构;Harfacree 利用列斐伏尔空间三元论论证西方国家乡村转型从生产主义进入后生产主义(即多功能乡村)。西方国家乡村研究也出现了"社会文化转向"。

### 3)综合维度重构与转型为全球化乡村研究视角

21 世纪初,西方国家乡村在更高程度上参与了人员、资本、制度、文化等要素的全球性流动与分配,加上虚拟网络的普及进一步磨平了地域边界,本地与非本地的联系更加紧密。全球性力量和地方性实践在网络中相遇和混杂,创造出新的形式与特征,乡村的意义被重新建构;气候变化和食品安全等全球问题也凸显了乡村地域的独特功能。这一阶段的乡村重构历经了主体混杂—维度混杂—文化混杂的过程。主体混杂重申了乡村自然属性,意识到自然与非人类实体也是乡村重构合法的主体,Cloke 将其理解为多元主体物质性的乡村建构;Woods 也认为全球化下乡村重构强调了地方和全球参与者的相互作用,以及人类和非人类的行为,产生了新的混合形式和关系。维度混杂主要关注乡村在更广阔的城乡乃至全球经济、社会、文化网络中所处的系统结构和镶嵌关系,乡村也成了全球性与地方性、乡村性和都市性之间不断协商和重构的混杂变体。文化混杂关注乡村社会主体的能动性和创造性，传统社会文化因其强大的生命力可以与现代文化混合生产，重建精神共同体。乡村由此成为一个多主体、多维度、多文化混杂的网络化空间。

西方国家乡村重构进入以"混杂（Hybridity）"为特征的新时期，自然与非人类实体如同社会与人类主体一样合法参与乡村重构，全球性与地方性、乡村性与都市性之间的复杂互动和线上虚拟网络与线下社会现实相互转化推动乡村重构，现代性与乡土性从二元对立转向相互融合、传统社会文化的生命力被重新激发——乡村因乡土性而全球化，多功能乡村向全球化乡村转型。全球化乡村形成过程以英国、澳大利亚最为典型。传统的乡村经济衰退，全球化乡村被重新定位为两个新的和完全不同的游戏场与垃圾场。一些乡村社区从外来投资、行政集中或旅游胜地的发展中获得利益，而另一些乡村社区却日益走向衰落。Woods 在预测现有全球化进程的研究中建立了一个框架，提出了全球化乡村十大特征，总结为基于食品体系的全球化乡村、基于劳动力迁移的全球化乡村、基于旅游胜地的全球化乡村。并将其概括为全球化乡村（Global Countryside）和不稳定的乡村世界主义（Precarious Rural Cosmopolitanism）。Gertel 通过对地中海的园艺生产研究，证明了依赖于廉价而灵活的移民劳动力，可以从小规模的传统家庭农业转变为大规模的工业化和密集的食品生产的跨国企业，并将其与全球的食品中心紧密结合。

### 4）西方国家乡村重构与转型的驱动因素研究

后工业化、逆城市化和全球化不仅是西方国家乡村重构与转型的时空背景，也是推动其交替演进的主要作用机制。在交通与通信技术飞速发展的当代条件下，后工业化引发的生产部门变革为乡村重构与转型构造了组织制度基础，逆城市化则为乡村重构与转型带来了充满活力的城市要素，互联网与全球化的耦合进一步为乡村重构与转型开辟了更加广阔的要素和市场空间。后工业化、逆城市化和全球化共同演绎了异彩纷呈的乡村重构与转型的历史画卷。

Vias 分析了美国后工业化导致制造业向服务业的转型后,乡村零售业从 1988—1999 年重构的不同路径,强调西方国家研究乡村重构与转型不仅要从农业、制造业、旅游业视角,还需要从零售业的视角透视其重构过程。Fredrik 研究了逆城市化形成的城市迁居群体的第二居所在挪威产生的影响,并采用多元回归模型分析不同群体对第二居所的看法,研究得出乡村地区大量的第二居所拥有者为许多经济、社会、文化冲突提供了土壤,但也为乡村社区带去了新的资源,当地居民特别是乡村精英对其进一步的发展采取积极的态度。全球化促进了乡村主体多样化和地域空间扩大化,推进了西方国家乡村重构进程,促进了全球化乡村的诞生,Woods 认为西方国家乡村产生了具有能见度很高的全球化标志——全球商品链建立(即全球农业食品体系建立和发展)、自然资源商品化、劳动力的全球性流动以及新环境景观的产生。

## 2.2.2　国内乡村重构、转型研究进展

呼应国家发展的现实需求,自 20 世纪 80 年代末,国内学者开始积极涉足引发乡村地域系统结构变化的单个要素研究,从核心要素之人口和产业切入乡村重构、转型研究。经济学学者开始了乡村工业化、农业兼业化的探讨,社会学学者开始对“离土不离乡”农业劳动力转移模式研究。20 世纪 90 年代,由于城镇化产生的自下而上的引力,农民开始大规模地转移至城市,“离土又离乡”农业劳动力转移模式及空心化与空心村开始成为研究热点。20 世纪末,地理学研究者基于乡村重构、转型后乡村产生的巨大变化,分别对乡村地理学和乡村的概念进行了辨析。21 世纪初,随着乡村旅游化的深入,乡村旅游成为研究热点。2005 年以后,乡村地理学术研究逐渐与国际接轨,乡村重构、转型成为乡村地理学研究的前沿课题,乡村重构、转型研究开始从分类走向综合。

### 1 ) 乡村重构、转型分类研究

根据龙花楼等人的研究成果,乡村地域系统的构成要素主要包括人口、产

业和土地。人口是乡村地域的主体,多数地区的乡村重构从人口流动开始。乡村内外产业的比较优势吸引农村人口的流动,产业也是乡村发展的主要动力之源。人口和产业的变化引起土地的变化,土地的变化又反作用于人口和产业的变化。梳理相关文献,乡村重构、转型分类研究分别从人口转移、产业驱动和土地转型3个方面展开。

(1)乡村人口与转移研究

人口是乡村地域系统中控制性变量,乡村人口转移是中国乡村地域系统进入重构、转型的开始。在乡村人口转移研究前期以人口转移的阶段与规模以及与国外比较为主要内容,中期从驱动因素、转移模式方面深入,现阶段从人口转移影响、关注个体及生态环境方面展开多元化研究。

乡村人口转移阶段性与规模化特征显著。1978—1992年为乡村人口转移的起始阶段。1979—1984年实行家庭联产承包责任制,释放出了农民长期受到计划经济体制压抑的生产经营积极性,农村劳动力转移尚属个别现象。1985—1992年为东部地区乡镇企业迅速发展时期,乡村就业结构产生较大变化,数以千万的农民开始兼业或非农就业,大量乡村人口"离土不离乡",农村劳动力转移稳步上升。1992—1996年为迅速扩张期,乡镇企业发展趋缓,在产业与区域比较利益的驱动下,数以亿计的乡村人口开始了"离土又离乡"的大规模"半城市化"转移。1997年至今为稳定发展阶段,从1997年开始,乡村人口转移与回流并存,但乡村人口大规模转移仍持续进行,农村劳动力转移人数由1978年2 182.2万人增至2015年的27 727万人,增长12.71倍。

乡村人口转移负面效应凸显。农村劳动力转移为中国经济增长作出了较大贡献,也给农民带去了更高的收益,但随着农民大规模进入城市,约3亿人出走后留下的乡村产生了一系列的负反馈问题。智力资源的严重流失导致乡村振兴面临主体缺位问题,严重影响我国城乡一体化发展;引发了严重的乡村空心化与土地资源浪费问题;过量的劳动力转移致使农业发展受损,对中国经济的发展产生负担。

（2）乡村产业与驱动研究

我国乡村重构与转型,产业结构变化是根本,正是产业的比较利益驱动,导致了乡村人口向小城镇和城市的转移,也是产业结构的变化引发乡村人口的回流。总结乡村产业结构的变化主要是传统农业、乡村工业、乡村旅游业、多功能农业比例的变化。国内针对产业结构的综合性研究较少,但随着乡村重构与转型的推进,乡村工业化、乡村旅游化、多功能农业的研究成为不同时代研究乡村产业驱动的热点,某种意义上,产业的发展变化是乡村重构与转型重要的内在驱动力。

乡村工业化研究:20 世纪 80 年代开始,乡村工业化推动了中国的乡村重构与转型,"新乡村空间"的产生并发展,是 20 世纪 80 年代下半叶到 90 年代初推动中国乡村重构与转型的主要因素。1978—1992 年,农村劳动力转移到非农产业的人数为每年转移 700 万人左右,其中的 70% 是依靠就地转移实现的,乡村工业化深度推进。1980—1995 年中国乡村工业产值年进入高速增长时期。乡村工业产值的迅速增长打破传统农业占主导地位的格局,经济多元化和空间结构转变成为这一时期的主要特征。苗长虹从经济空间、社会空间、地理空间 3个维度考察了乡村工业化对重构与转型的驱动作用。

乡村旅游化研究:1999 年,中国政策导向从出口创汇型转向拉动内需型,鼓励城市居民体验乡村生活,城市居民出游率急剧升高并大量涌向乡村,国内学者开始关注乡村旅游与乡村旅游化。

有学者指出,改革开放 40 多年,工业化推动了平原经济和沿海经济发展,但也导致了山区经济相对边缘化,可以推进城市经济发展,却弱化了乡村经济。与平原地区相比山区具有较好的山地景观和旅游资源等比较优势,通过乡村旅游化,可以让资金、人才等要素流向乡村,流入山区等欠发达地区。两种生产方式的并存保存了两种文明的基本形态,保护了乡村与农耕文明。因此,张辉等强调工业化是推动中国社会经济发展的一种发展方式,旅游化也是推动社会经济的一种发展方式。

乡村旅游化是乡村地域系统旅游子系统不断增强的影响,是乡村日常生活的旅游化。旅游化理论由国外旅游研究者在研究乡村旅游的过程中提出,旅游化的概念由加拿大学者杨(Young)首次提出;刘刚将这一概念首次引入国内,用于研究云南的旅游化战略;王宁对国内旅游化现象进行了较为系统的研究。现阶段国内对乡村旅游化的研究尚处于浅表层次,主要通过建立指标体系对一个区域的旅游化进行测度,并从将乡村旅游化作为一种发展策略转向作为一种现象进行研究。

乡村旅游化推动了乡村人口回流、产业结构重塑、空间结构与土地利用的变化。进入21世纪后,乡村旅游化是促进乡村重构、转型的主要驱动因素之一。国内研究较少从宏观层面将乡村旅游化与乡村重构、转型联系起来进行研究,较多地从具体案例角度对乡村旅游与重构、转型的进行耦合研究。伍乐平等对乡村旅游与社会重构进行了研究;席建超等通过长期跟踪研究,关注乡村旅游化与空间重构的关系,强调传统乡村功能解构和乡村旅游化过程相伴而生。程哲等对乡村旅游作为乡村转型的产业驱动机制进行了研究,研究表明乡村旅游可以有效推动农村产业结构升级、空心村治理、农村剩余人口的就地安置、农民增收和农村空间重构。杨忍等也号召人口外流引发的乡村重构过程和乡村旅游化引发的乡村重构机理都应该得到关注。

多功能农业研究:多功能农业源于20世纪80年代末日本的"稻米文化"。多功能农业的专业术语在1988年欧盟(EU)发布的文件《乡村社会的未来》中第一次出现,在1995年生效的乌拉圭回合农业协议中得到全球普及和认可。国内的多功能农业的研究源自国际贸易领域,于2007年中央"一号文件"中第一次提出发展多功能农业,随后国内多功能研究迅速增加,研究内容多集中于多功能农业的意义、多功能农业与现代农业的关系这几个方面。对多功能农业内涵的界定多认同农业除能提供食品等基本功能外,还具有其他功能,如食品安全、良好的生态环境、娱乐与旅游、文化传承等,具有社会、生态和文化等多种功能。蔡胜勋认为农业的多功能应包括经济功能、社会功能、生态功能及文化功能。

（3）乡村土地与转型研究

土地利用是社会经济发展的一面镜子，两者相互作用、相互影响推动了土地利用转型，社会经济发展影响土地利用形态，土地利用形态又反过来作用于社会经济发展。乡村土地利用转型研究呈现单类乡村土地利用转型—乡村土地旅游化流转—土地综合整治的逻辑主线。

乡村土地利用转型是指与乡村经济社会发展阶段转型相对应的土地利用形态在时序上的变化。耕地与宅基地是乡村土地利用转型研究初期阶段关注重点，耕地与宅基地的土地利用形态的转变以及两者的耦合表明土地利用转型的前期表现为耕地减少、宅基地的增加，两者呈显著负相关关系。进入21世纪后，乡村旅游的蓬勃发展引起关注，乡村土地旅游化成为研究热点，从乡村旅游与土地流转融合角度评估乡村土地旅游化的风险成为主要的研究方向。随着乡村"三农"问题的深化，从综合角度寻求问题的解决方法成为研究重点，主要探析5类土地转型（主要包括耕地、林地、草地、村庄建设用地、水域）的格局与机制以及土地综合整治。土地综合整治成为乡村振兴的主要路径，通过土地整治让乡村宅基地从前期的扩张、闲置走向集约、高效利用，让耕地从早期的持续减少、破碎、弃耕的土地利用形态走向规模、高效、平衡。土地整治的本质在于调整土地权属、组织土地利用，乡村振兴视角下，土地整治应有效整合新主体、新技术，由数量增长导向逐步向促进农民增收、发展乡村经济、保护生态环境等功能转型。

**2）乡村重构、转型综合研究**

我国乡村重构、转型综合研究仍处于起步阶段，早期只是部分经济学、社会学研究者对引发乡村地域系统结构变化的某个要素进行研究，而将乡村置于重构与转型的综合性视角下进行研究已经是2005年以后。

（1）乡村重构、转型理论研究

最初从乡村转型的视角考察乡村劳动力与产业等要素的变化，2010年后与国际乡村研究接轨,引入乡村重构的概念构建乡村时空变迁的研究框架。乡村理论研究大多直接借鉴国外乡村重构概念,认为乡村重构与转型的内涵一致,将乡村重构与乡村转型不作区分而混用,也有研究将乡村重构与乡村转型等同于乡村变迁,还有研究分别将乡村重构与乡村转型做"过去时"和"将来时"等不同的解读。随着乡村重构与转型理论研究的开展,也取得了一些共识:将乡村重构与转型置于乡村地域系统变化的视角下,人口、产业、土地为乡村地域系统的核心要素,乡村地域系统结构主要包括经济结构、社会结构、空间结构,空间结构主要由生产空间、生活空间、生态空间组成,并从系统论的角度研究其驱动机制,但相关探讨仍需深化。

(2)乡村重构过程研究

宏观上,我国乡村重构处于经济重构主导阶段,乡村地域功能由传统农业生产功能逐渐转向"生活、生产、生态"多功能。丁志铭根据乡村社区生产力发展与空间结构的特点将乡村社区发展分为自然经济时期、转型期(即乡镇工业发展初期)、工业化与城镇化以及现代化共同作用而趋向成熟时期 3 个阶段;张京祥从生产主义与后生产主义视角将乡村重构分为乡村工业化驱动下的乡村重构阶段、城镇化单向主导下的乡村重构阶段、城乡统筹理念下的乡村转重构阶段。微观上,通过典型案例区,从县域或村域尺度探究重构过程,韩非等以北京市门头沟区为研究案例,梳理了乡村聚落的发展历程,主要包括传统均质化形态、转型初期异质异构的混杂形态、转型后期功能区块布局形态 3 个阶段;屠爽爽等分别对东部沿海和中部农区不同村落的重构过程进行了比较研究,得出不同类型村落存在重构过程快慢之分,总结了乡村经济重构、社会重构、空间重构在不同时间节点上呈现的不同特征。

(3)乡村转型测度研究

从乡村重构到乡村转型是乡村地域系统结构从量的规定性到质的规定性变化的过程,如何辨识和解译乡村转型成为研究的重点和难点。周华采用力学平衡模型测度江苏省 65 个县域空间单元转型度,并将其划入不同象限,倡导乡村生产空间、生活空间和身份空间的协同转型；李婷婷等运用小波分析方法确定乡村地域系统人口、土地、产业要素变迁的突变点，并进行三者耦合分析后，划分乡村转型类型，刻画乡村转型时空格局特征；张京祥通过半结构式访谈和问卷调查展开了村域尺度的乡村转型定性描述研究；屠爽爽等通过构建指标体系和乡村转型强度指数模型来判断是否发生了转型，并对转型进行阶段性划分。

（4）乡村重构、转型的驱动机制研究

乡村重构、转型的驱动机制研究历经了从单一的外源驱动因素—内外多因素驱动—系统性驱动机制的逻辑主线。初期，多从乡村工业化角度研究乡村重构、转型，乡村工业化对新乡村经济空间、社会空间、地理空间的形成和发展有着重要的影响，这时期东部沿海多为外源驱动型乡村；传统农区普遍存在乡村转型内生发展能力不足的情况，工业化和城镇化是乡村重构、转型的主要驱动力；随着乡村重构、转型的深入发展，乡村的资源环境、交通区位价值逐渐凸显，外源驱动与内生响应构成乡村重构、转型的驱动机制，例如，乡村旅游化驱动的多功能乡村的诞生，即为均衡型驱动乡村。现阶段，多从系统论角度对乡村重构、转型驱动机制展开研究：龙花楼等人将驱动机制概括为诱发机制、支撑机制、约束、促进机制、引导机制、引擎机制共同作用下，通过合成和离散、拉力和推力、转换和反馈等方式推动乡村重构、转型。

（5）乡村重构、转型效应研究

改革开放以来，全球化、工业化和城镇化的快速发展加剧了乡村空间的异质化，乡村地域持续经历重构与转型并已引致命运迥异的空间效应：东部乡村异化为"超级村庄"、中西部乡村退化为"空心村落"，更多的则遭遇前所未有的发展困境。伴随着乡村重构、转型的持续深入，面临困境的乡村在国家制度创新外源驱动和地理区位、资源环境、经济基础等内源驱动下，逐渐通过乡村旅游化、农业现代化走向多功能乡村和新生产主义乡村的道路。多功能乡村在国内尚无专门的研究，主要集中在对乡村旅游与重构、转型的关系以及地域多功能两个方面的研究。地域多功能多关注乡村的非农功能和生态保障功能,而非农功能却一直以乡村工业为研究重心,第三产业中的旅游业多以乡村旅游研究出现,很少将其与地域多功能联系在一起,多功能乡村和新生产主义乡村研究成果较少。

20世纪80—90年代,全球制造业第二次迁移至中国东部沿海,东部乡村在工业化和城镇化的浪潮下,传统农业被制造业代替,乡村经济结构发生巨大变化。伴随东部乡村工业化出现的"超级村庄"是乡村重构与转型初期一种重要的空间效应。折晓叶等将超级村庄定义为不同于传统意义上的"乡"与现代意义上的"城"的一种新型社区形态,从村社区与治理的角度进行深入研究。工业产值等非农产值占比较大的以乡镇企业为主体的非农经济结构是超级村庄最显著的特征。

乡村空心化是社会经济结构变化在村庄空间结构内的反映。进入20世纪90年代以后,由于产业与区域的比较利益的驱动,乡村人口开始大规模往城市转移,乡村地域缺乏了真实的主体,乡村地域系统结构发生了巨大变化。人口的流失最终导致产业和土地的空心化,引发乡村地域系统功能退化。部分学者服务、精神与文化上的空心化将是比产业和土地空心化更严重的问题。空心村的研究始于20世纪末,主要研究内容包括空心村的成因和对策、空心村治理的理论、空心村研究的意义等。随后大量学者开始关注空心村现象,以刘彦随等为主要代表,研究内容扩展到空心村的界定、测度与分布、形成机制和影响因素、负面效应和治理对策。

### 2.2.3　研究述评

综上所述,国内外相关学术视野分别从不同视角对乡村重构与转型问题进行了卓有成效的审视。就国外研究而言,对乡村重构与转型的关注主要集中在3个方面。一是乡村社会重构的特征以及产生的问题;二是各阶段重构作用结果即转型特征凝聚成为生产性乡村—消费性乡村—多功能乡村—全球化乡村的逻辑主线;三是乡村重构与转型的驱动机制,研究方法以质性分析为主。西方国家乡村重构与转型实践发展历程与理论转向轨迹等并不能提供标准模板,但其先行经验与理论积累对前瞻性地思考中国乡村重构与转型的理论构建及未来趋势、实施乡村振兴战略无疑具有实践启示和理论意义。

就国内研究来看,乡村重构与转型前期,部分社会学和经济学研究者对乡村地域系统核心要素人口和产业研究为后续综合研究奠定了基础,现阶段乡村重构与转型的地理学研究主要集中在乡村重构与转型的界定、乡村重构与转型的乡村地域系统理论构建以及乡村重构与转型驱动机制和空间效应 3 个方面。但国内学术界对乡村重构与转型的理论内涵并未形成统一的认识,在一定程度上影响了相关研究的深化,理论研究框架亦尚未形成;研究方法多采用指标体系构建、力学平衡模型、小波分析等定量方法。研究地域上偏好东部地区和中部农区,西部地区研究成果相对较少。对乡村重构结果即非农功能的研究仅限于工业发展,对第三产业功能、多功能乡村、新生产主义乡村研究寥若晨星。

中国是一个总人口和乡村人口众多的发展中大国,农业生产功能独特、乡村发展意义重大。中国政府推动实施的乡村振兴既是应对这一全球挑战的担当之举,也是化解国内发展矛盾的重要抓手。科学认识当代乡村发展特征、准确揭示乡村空间演变规律是有效推进乡村振兴的基础工程,地理学能够为此做出独特贡献。立足当代中国的具体国情、吸收西方世界的研究养分,创新富有中国特色的乡村重构与转型理论既是中国地理学者的应尽职责,也是中国地理研究的应循之道。

# 第3章 乡村重构、转型、振兴的分析框架

## 3.1 乡村地域系统要素、结构、功能

### 3.1.1 乡村地域系统演化

#### 1) 人地关系的城乡分异构成地域分异的最基本和最主要的表现形式

人类社会起源于乡村,以农为本的生产方式塑造了地球表面最基本的人地关系形式。城市的出现打破了这种统一格局,人口的区位聚集及与此相适应的非农生产活动改变了人类活动与地理环境的相互作用方式,形成了一种全新的人地关系形式。人地关系的城乡分异构成其地域分异的最基本和最主要的表现形式。乡村人类活动对地理环境具有更强的依赖性,地理环境变化对乡村人类活动的制约作用也更显著。城市以高密度的人口、高层次的生产技术和高效率的土地利用形成对地理环境的相对高强度影响,乡村则是相对低密度的人口、低层次的生产技术和低效率的土地利用形成对地理环境的低强度影响。从城乡人类活动环境效应看,如果说城市地域是一种完全的人工生态系统,乡村地域则是一种自然-人工复合生态系统。社会是不断发展的,环境是不断变化的,特别是伴随着科学技术的不断进步,乡村人地关系的性质和特征也在不断发生改变。

### 2）乡村地域系统演化包含的阶段

原始文明时期,在长达数万年的漫长岁月里,人类自身经历着缓慢的进化,人类的生存状态基本等同于地球上的其他生命有机体,"逐水草而居"遂成为早期人类的主要生存方式。在该阶段,乡村人地关系的基本特征是人类惧怕—屈从自然,地理环境变化构成人地矛盾的主要方面。农耕文明时期,定居农业和农业剩余的出现推动了人类的产业分工和空间分工,人类活动的城乡分异形成。在该阶段,乡村是国家的主导地域类型,农业是经济的主导产业部门,乡村人地关系的状态决定着人类活动与地理环境之关系的性质,乡村人地关系的特征是人类顺应—利用自然,地理环境的变化仍然是人地矛盾的主要方面,但乡村人口持续增加,并由此形成对地理环境持续增加的压力。工业文明时期,工业革命的爆发和机器工业的出现从根本上改变了人类社会的生产方式,动摇了人地关系和城乡关系的技术基础,人类从此迈入以城市为核心的工业文明时期。在该阶段,乡村退居为国家(区域)的边缘化地域,但农业仍然是国家(区域)的经济的基础产业,乡村人地关系的演化进一步复杂化。在这一历史进程中,工业化和城镇化的强力推动使得乡村人地矛盾发生转变,即人类活动作用上升成为人地矛盾的主要方面,乡村人地关系的基本特征是人类挑战—蹂躏自然。生态文明时期,城市工业文明为人类社会创造了巨大的财富,也对地理环境造成了不易恢复的损害,自觉协调人类活动与环境变化之间的关系已成为人类社会可持续发展的必然选择,人类在对乡村地理环境的作用在适度、有限利用的同时,将更加注重保护。此时,人类活动作用仍然是人地矛盾的主要方面,但人类活动地理环境的作用已经具备坚实的理性基础,据此,乡村人地关系的基本特征是人类回归—亲近自然。

由于人类活动和地理环境各自的复杂性,反映人类活动与地理环境相互作用的人地关系更为复杂,乡村地域人地关系随着工业化和城镇化的快速发展亦更加复杂化。正确认识乡村地域人地关系的状态、准确解析其演变机理既是乡村地理学理论研究的长期前沿方向,也是乡村地域可持续发展和乡村振兴的重要需求。

## 3.1.2　乡村地域系统的要素、结构、功能

乡村地域系统是系统的一种类型,是由若干相互联系、相互作用的要素构成的具有特定结构、功能的有机整体。从乡村地域系统"要素—结构—功能"视角来看,系统内某个部分的要素、结构、功能在物质、能量、信息上都优化于该系统的其他部分的要素、结构、功能,那么系统的这个部分则可称为该系统的系统核或整体核。一般情况下,同一个系统只有一个系统核。据此,识别现阶段乡村地域系统演化过程中的系统核是振兴乡村地域系统的关键所在。已有的研究表明乡村地域系统要素包括自然、生态、社会、经济、技术等要素构成,根据系统核原理,识别乡村地域系统演化过程中哪些是核心的"要素—结构—功能"构成系统核是研究的首要任务。根据已有的研究基础结合中国乡村发展实际,"人口—产业—土地"三要素对应的"经济结构—社会结构—空间结构"三大结构和"生产功能—生活功能—生态功能"的"要素—结构—功能"构成当代中国乡村地域系统的系统核,也是本研究主要的逻辑主线。

### 1)乡村地域系统要素

乡村地域系统结构的变化是从乡村人口转移开始,1985—1992 年为东部地区乡镇企业迅速发展时期,数以千万的农民开始兼业或非农就业,大量乡村人口"离土不离乡";1992 年开始,乡镇企业发展趋缓,在工业化和城镇化的驱动下,在产业与区域比较利益的驱使下,数以亿计的乡村人口开始了"离土又离乡"的大规模"半城市化"转移。西部地区 2019 年输出农民工 8 051 万人,比2018 年增加 133 万人,增量占到全国新增量一半以上。正是大规模人口流出及土地、资本等生产要素向城镇非农产业转移,乡村地域系统人口、产业、土地等核心要素的时空序列和相互作用方式发生变化,乡村地域系统从传统农业生产空间向多功能空间拓展。人口作为乡村地区的发展主体,是优化乡村地域结构、强化地域功能、实现乡村振兴的动力之源;产业发展是乡村经济发展的根本

动力,利用乡村资源优势构建合理的产业结构,良好的产业结构可以促进乡村经济发展、农民增收。土地是乡村社会经济活动的承载,是乡村人类活动作用下的地理环境变化的表现形式。人口、产业、土地的内在耦合是优化乡村地域系统结构、强化或优化地域功能、实现乡村振兴与城乡融合发展的新格局的关键所在。

### 2）乡村地域系统结构

系统与结构是两个相对应的概念范畴,要素—联系是沟通系统与结构的基本桥梁,结构分析是对系统整体性的还原,通过对系统结构的精细解构,有利于把握系统发展变化的机理。结构分析的本质在于廓清系统的构成要素并明晰其间的有机联系。对系统结构的解析因对其构成要素的分类视角不同而可能存在多种"图谱"。正对上文分析得出的当代乡村地域系统的核心要素为"人口、产业、土地",根据已有研究基础,相对应的系统核中的核心结构为"经济结构—社会结构—空间结构"。

经济结构是乡村地域系统结构中最为活跃的部分,自然演化状态下乡村地域系统变化通常始于经济结构,并在社会结构和空间结构中发挥主导性作用。中国当代乡村地域系统的剧烈变化始于快速工业化和城镇化作用下东部地区的乡村工业化,经济结构的主要表现形式产业结构发生较大变化。随后,工业化和城镇化的深入推进,在产业和区域比较利益的驱动下,中西部农村劳动力大规模向东部城市转移,并逐步演化为"半城市化"居民。1999 年,中国政策导向从出口创汇型转向拉动内需型,开始实施"黄金周"假期的旅游政策,鼓励城市居民体验乡村生活,城市居民出游率急剧升高并大量涌向乡村,西部为主的大量乡村开始乡村旅游化,服务业的发展是乡村地域系统经济结构重构过程中释放出米的主要功能。

社会结构是社会诸要素按照一定的秩序所构成的相对稳定的相互关系的要素集合。杜玉华从微观视角将社会结构又划分为人口结构、群体结构、城乡结构、就业结构、阶层结构。相对乡村地域系统而言,社会结构深受经济结构的牵引,主要表现为人口、就业与收入的变化。一方面,乡村社会逐步被卷入工业化和城镇化的潮流中,农业生产的发展凸显乡村劳动力的剩余,人类社会的进步激发乡村居民对城市的向往。乡村工业化、农业现代化、乡村旅游化和人口城镇化等现象展示出乡村居民的居住行为和乡村地域生产方式的变化,并由此带动乡村社会行为主体、就业、收入及治理方式的变化,乡村地域的社会趋于复杂化。另一方面,我国乡村地域社会结构的变化和实践一定程度上是特殊国情下政策干预作用的结果。

空间结构是社会经济客体之间及其与地理环境在空间中的相互作用所形成的空间集聚程度和集聚形态。空间结构是把处于一定范围的各有关事物看成具有一定功能的有机体,其概括的并不是单要素的空间分布规律,而是综合了几乎所有社会经济客体。一般包含城乡居民点为中心的土地利用空间结构、社会经济发展各阶段的空间结构特点及其演变等几个方面。据此,乡村地域空间的连通度、土地利用的空间结构及其演化过程是表征乡村地域系统空间结构的主要切入点。

自然地理环境和人文地理环境在不同的区位具有不同的结构和特征,空间差异激发地域联系,乡村地域系统人地关系的空间分异是乡村地域系统空间结构形成的客观基础。由于乡村地域系统本质上是一种人地关系系统,乡村人口的社会经济活动(生产、生活活动)作用下的自然—人文地理环境的空间分布及其地域联系即为乡村地域系统的空间结构。乡村地域系统经济结构和社会结构表征内外环境约束下的人类活动状态,乡村空间结构是指人类活动作用下即地理环境变化的格局(人文地理环境叠加自然地理环境)。从物质形态上看,乡村地域系统的空间结构在表象上显现为一定的空间秩序,并呈现出某种景观图像,其实质是特定人地关系在地表空间上的映射。地理学解析地域空间结构的常规思路是将其构成要素归纳为"点""线""面"(成熟阶段还包括"网络")等基本类型。立足于乡村土地利用的空间演变,通过点、线反映乡村地域空间的集聚程度和集聚形态,运用景观生态学方法,重点描绘乡村人文景观图案(乡村自然地理环境变化相对于乡村人文地理环境较缓慢悠长,短期内以描述乡村人文地理景观变化为主),刻画乡村地域的空间结构。

### 3)乡村地域系统功能

乡村地域系统功能是指在更大的地域空间内,乡村地域系统通过发挥自身属性及其与其他系统共同作用所产生的对外界的有利作用。乡村地域系统的要素关系及结构构成决定了乡村地域的功能属性和功能强度。乡村地域功能伴随着社会需求驱动下的乡村地域系统要素与结构的变化以及系统外部环境的变迁而不断发生演化和转变。对于传统乡村来说,居住功能和农业生产功能是乡村的基本功能和初始功能。工业化、城镇化的快速推进,乡村地域因其具有较高的植被覆盖率和低密度的人口分布以及独具特色的乡村文化,由传统的功能转向城市群体消费和生态保护等多功能转变。

由于视角的不同,乡村地域功能分类结果必然有一定的差异。借鉴相关研究成果,乡村地域系统功能主要包括生产功能、生活功能和生态功能。乡村地域生产功能是乡村地域经济产出过程中所发挥的作用,是乡村地域最基本的功能,主要包括粮食生产功能和经济发展功能,各种类型产业的比例关系直接影响和制约着生产功能发挥的程度。生活功能是目标,主要包括人口承载、社会保障、文化休闲等功能。此外,当代乡村地域维持人类文化的多样性和独特性、传统文化的传承以及为城市居民提供休闲娱乐空间,生活功能的强度和水平保障着社区和社会的安全程度。生态功能是保障,主要包括生态保育功能、环境维护功能。在生态化和全球化的背景下,乡村生态功能重要性凸显,是乡村其他功能以及城镇功能存在和发挥的前提。由生态功能所引发的生态服务价值,在人类的价值表上具有不可替代的性质和作用,良好的生态环境有助于生产活动的有序开展和生活质量的稳步提高。

# 3.2 乡村地域系统重构、转型、振兴

## 3.2.1 概念界定

### 1）乡村地域系统

乡村是相对城市而言，由农村的内涵扩展而来，但其概念并不是一成不变的，乡村概念内涵不断被乡村发展的现实所突破。学者从职业的、生态的、社会文化的3个方面试图对它进行定义，并将其与乡村性联系起来，但研究发现对其定义难度越来越大。因其作为一个系统，在工业化和城镇化背景下，特别是近年来，乡村处于不停地动态变化中，发展路径多元和乡村功能多元特征凸显，具有要素流动的空间动态性、空间系统的不整合性和乡村概念自身的相对性。据此，从乡村地域系统角度来审视乡村的内涵与变化更加适合。

在地理学视角下，将一定乡村地域视为一个乡村地域系统，乡村地域系统内的人类生产活动与生活活动的耦合、自然环境与人文环境叠加及相互作用形成了一个有机系统，并表现出一定功能与组合。乡村地域系统也是系统的一种类型，是由若干相互联系、相互作用的要素组成乡村地域结构，一定的乡村地域结构具备一定的功能，是要素、结构、功能的有机整体。乡村人类活动与地理环境的相互作用是指乡村地理环境主要以生物供给、人类社会获取食品、原材料等，人类社会排放废料、供给自然环境以养分等，以国土空间为联结媒介。乡村人地关系最简单的理解是指乡村地域的人地关系。乡村地域人地关系中的乡村人类活动和乡村地理环境是一对矛盾统一体：乡村人口生存和发展需要地理环境提供支撑和保障，乡村人口需求和乡村环境供给相互联系、相互作用，共同构成乡村地域系统；乡村人口的需求满足通过生产、生活活动而获得，乡村人口生产、生活活动作用于地理环境而改变环境状态，环境供给的实现通过环境变

化而完成,乡村人口生产、生活活动和环境变化构成乡村地域系统人地关系的直接表现形式。

### 2）乡村重构与乡村转型

基于系统思维,乡村重构之"重"为重新,即新旧转换,亦即乡村系统要素之间关系发生转换;乡村重构之"构"为构造,即结构变化,亦即乡村系统要素之间关系发生变化。因此,乡村重构是指乡村系统要素重组引发的结构巨变。改革开放之前,传统乡村经济结构以农业生产部门为主,社会结构以农民群体生活为主,空间结构以相对封闭、均质、离散为主要特征;当代乡村地域非农产业不断植入,社会整体开始出现分化,乡村空间以开放、异质、关联为主要特征。

基于系统思维,乡村转型之"转"为轨道偏转,即相对此前的方向变化,表征轨道偏转的是其方向;乡村转型之"型"为系统整体,包含内在基础和外在形状,体现系统整体的是其性质。据此,乡村转型是乡村系统结构重塑引发的功能质变。20 世纪 70—80 年代,西方国家乡村地域由"生产性乡村"向"消费性乡村"转型;20 世纪 90 年代,乡村地域由"消费性乡村"向"多功能乡村"(后生产性乡村)转型;21 世纪初,西方国家乡村地域由"多功能乡村"向"全球化乡村"转型,这一过程表明乡村地域系统结构重组引发的乡村地域功能的转折性变化,要素关系重塑引发了乡村结构重组,结构重组推动了乡村地域功能转变,乡村重构推动乡村转型。乡村重构是过程,乡村转型是结果。本研究的定义基于系统论的乡村地域系统客观运行过程对乡村重构和转型进行定义,研究重点是揭示已有规律、立足现在问题、展望未来方向;研究的出发点有别于将乡村重构与转型只做过去时或将来时区分。本研究将乡村重构与转型置于系统论背景下分别予以界定,未将其视为统一内涵,与社会学的乡村变迁的内涵也有所不同。这是本研究的基本前提。

### 3）乡村衰落与乡村振兴

理论上,乡村地域系统重构与转型存在两个方向,一是市场机制自发作用下的乡村重构与转型引致乡村衰落,表现为农业生产萧条、农民生活窘迫、农村生态恶化等;二是政府政策自觉调控下的乡村重构与转型推动乡村振兴,表现为农业生产发展、农民生活服务、农村生态改善。实际上,第二次世界大战后至20世纪70年代西方国家工业高速化发展和城市的规模化扩张引致"乡村边缘化",到福特主义的衰落,西方国家纷纷采取不同的政府干预与调节政策,乡村地域开始走向"乡村复兴"。据此,乡村衰落是指在市场机制自发作用下,乡村重构与转型引致的乡村地域功能的异化或退化;乡村振兴是指在政府政策自觉调控下,乡村重构与转型推动的乡村地域功能优化或强化。异化是指乡村功能的非农转化,退化是农本功能的相对弱化以及引起的一系列社会与生态问题;优化与强化即是乡村振兴要着眼优化乡村地域功能结构、着力提升乡村地域功能强度。乡村重构与转型以及乡村衰落或振兴是一个综合性的命题,乡村重构、转型、振兴具有内在逻辑关联,是乡村地理学切入乡村振兴研究的突破口。

### 3.2.2　分析框架

乡村地理学主张以乡村社会经济发展与变化为研究主线,探讨乡村空间结构模式及其演变规律。纵观改革开放以来中国乡村发展历程,结合国外乡村发展过程以及中国乡村振兴战略,以人地关系理论为基础,乡村地域功能变化为主线融贯乡村重构、转型、振兴,以西南地区贵州为案例,以系统内部要素人口、产业、土地变化分析乡村地域结构重构特征,以乡村地域外的环境变化即外源驱动与乡村地域内的社会、经济、空间结构变化等内生响应耦合解构乡村转型机理,以重塑乡村地域结构、优化乡村地域功能提炼乡村振兴路径。

1) 立足乡村人地关系地域系统理论,乡村重构、转型、振兴具有内在逻辑
　关联

根据前文所述乡村地域系统概念(图3.1),乡村人类活动子系统的要素包括产业、人口、土地,并内显为经济结构、社会结构、空间结构,外显为生产功能、

生活功能、生态功能。乡村地域系统外环境的变化主要始于中国快速的工业化和城镇化及市场化背景下社会需求的驱动,外部环境的变化即在工业化、城镇化、市场化的驱动下(全球化对乡村地域系统产生驱动作用,但因其数据的不可得性,未列入图中),改变或加剧了乡村人类活动子系统与地理环境子系统的相互作用方式,推动了乡村地域系统产业、人口、土地要素组织和经济、社会、空间结构发生巨变,乡村地域系统内部人口、产业和土地等要素变化是响应性变化,要素重组推动结构的重塑即乡村重构,主要包括经济重构、社会重构和空间重构。据此,外源驱动主要包括工业化、城镇化、市场化,内生响应主要包括乡村地域系统经济重构、社会重构和空间重构;外源驱动与内生响应的耦合引发系统功能的发生转折性变化,主要包括生产功能、生活功能、生态功能三者的变化。乡村地域系统的主体功能决定乡村地域系统的性质,当乡村地域系统功能发生转折性变化即"质变"时,乡村地域系统即发生了转型。在市场机制作用下,乡村重构与转型引致的乡村地域功能异化(乡村功能非农转化)或退化(农本功能相对弱化),乡村地域走向衰落,如乡村普遍存在的"空心化"问题;在政府政策调控下,乡村重构与转型推动乡村地域功能优化或强化,乡村地域走向振兴。乡村衰落和乡村振兴是乡村转型的两种表现形式。

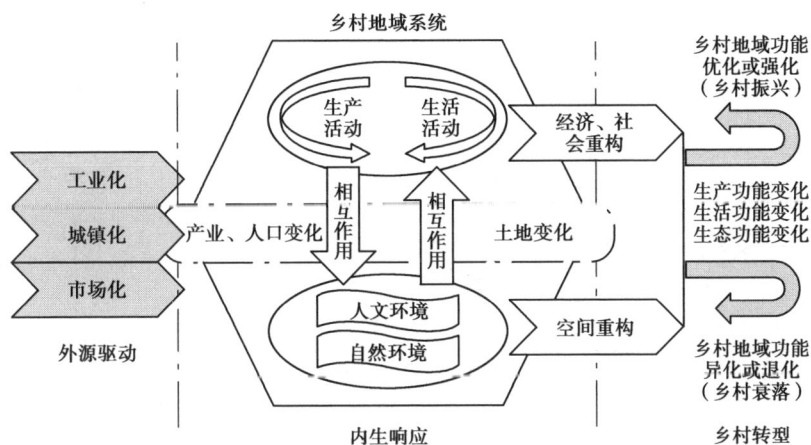

图3.1　地理学视野下的乡村重构、乡村转型与乡村振兴

**2）乡村重构是乡村转型的过程，乡村转型是乡村重构的结果**

在地理学视野下，乡村重构是外源驱动下乡村地域系统要素重组引发的结构巨变，表现为系统结构变化，是为系统的"量变"；乡村转型是外源驱动下乡村地域系统结构重塑引发的功能质变，表现为乡村系统功能转换，是为系统的"质变"。重构是过程，转型是结果，外源驱动与内生响应（乡村重构）引致乡村转型。

**3）以乡村地域功能变化为主线融贯乡村重构、转型、振兴**

乡村地域系统要素组织形成一定的结构，并由此发挥的（综合）作用或者达成的功效（组合）。乡村振兴是乡村地域功能优化的标志。据图3.2可知，乡村地域功能变化是乡村地域系统变化的主要表征，因此，融贯乡村重构、转型、振兴的主线是乡村地域功能变化，乡村重构推动乡村地域功能变化，是乡村地域功能变化的原因，乡村转型是乡村地域变化达成的过程，是乡村地域功能的直接表征。乡村重构引致的乡村地域功能变化和转型达成的地域功能变化可能具有两种演化方向：一是乡村地域功能异化或退化（乡村衰落）；二是乡村地域功能优化或强化（乡村振兴）。乡村衰落是乡村地域功能退化或异化的标志，乡村振兴是乡村地域功能强化或优化的标志。实践中，乡村空心化即为乡村功能

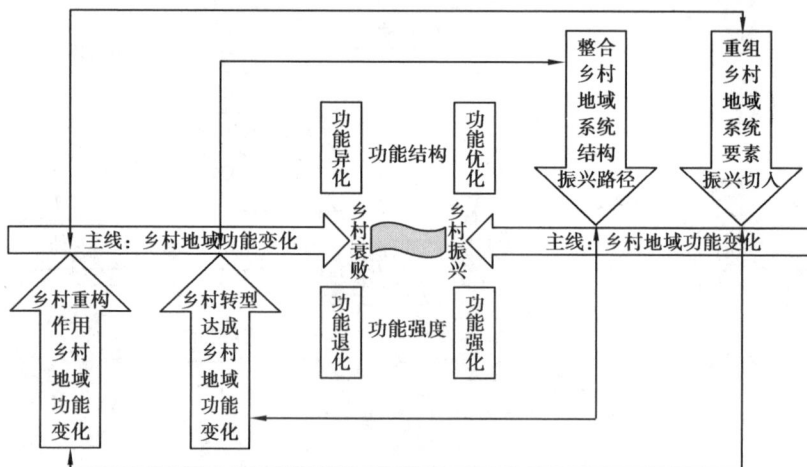

图3.2　以乡村地域功能变化融贯乡村重构、转型、振兴

多异化或退化的表征;未来发展中,政府政策自觉调控下,通过重组乡村地域系统要素切入乡村振兴,通过重塑乡村地域系统结构,探寻乡村振兴实施路径。据此,在政府政策引导下,从重组系统要素切入乡村振兴,以整合乡村地域系统结构作为乡村振兴主要的实施路径。总之,乡村地域功能与乡村人地关系互为映射,乡村地域功能变化是地理学介入乡村重构、转型、振兴的重要视角。

## 3.2.3　分析路径

### 1)乡村重构的定量测度

基于要素—结构关联,构建综合指标体系解析乡村重构特征。以乡村地域内部要素人口、产业与土地的变化为基础,选择特征变量构成要素表征的指标体系。以人口承载为核心,选择表征社会重构的相关指标;以产业投入产出为基础,选择表征经济重构的相关指标;以土地的破碎化过程为导向,选择表征空间重构的相关指标。经济重构、社会重构、空间重构的相关指标集合即为乡村重构指标体系,乡村重构指标计算的最终值表征乡村地域系统重构程度。

乡村重构指标体系选择既要瞻前顾后也要聚中,瞻前是关注传统基础,乡村重构之"重"是相对乡村地域系统基础而言,明晰传统特征是审视当代变化的前提,而传统基础即是农本功能为基础的乡村社会经济发展状态;聚中,是指重视当代特征,乡村重构之"构"是相对当代乡村地域系统而言,揭示当代特征是乡村重构的关键。顾后,是指顾及综合效应,乡村重构关联乡村转型,刻画乡村重构的指标选择应能够为解读乡村转型提供理论基础支撑。根据综合指标体系建立数据库,通过熵值法计算全中国,最后测算乡村重构分维与综合指数,指数大小反映乡村地域系统结构变化剧烈程度。其中,指标属性表征结构关系,指标内涵映射功能联系。

### 2）乡村转型的定量测度

**（1）乡村地域功能的定量测度**

通过功能价值的市场化来统一乡村地域生产功能、生活功能、生态功能的测度基准，使最终各项功能能够实现加总求和。以县域地区生产总值即乡村经济总产值表征乡村地域生产功能价值，以乡村地域农民总收入度量乡村生活功能价值，基于谢高地的生态价值当量的计算方法，测度乡村地域的生态功能价值。其中，乡村地域综合功能包括农本功能，农本功能即乡村经济总产值中的农业产值与乡村农民总收入中的农业经营收入以及乡村生产总价值中的环境保护价值。通过简易的指标体系构建，统一功能价值，定量测度乡村地域功能的总价值以及农本功能价值，详细的计算方法见后述专章。

**（2）乡村转型的判别**

乡村重构前，乡村地域的主体功能为农本功能，乡村重构推动乡村转型，乡村主体功能性质发生变化，即农本功能显著下降。本书以定量测度出的农本功能指数超过乡村地域功能综合指数的50%为阈值，当乡村转型度即农本功能与综合功能的比值大于50%，农本功能下降至阈值以下，乡村地域发生转型；反之，乡村地域尚未发生转型。以乡村地域功能结构的异质化作为乡村转型的判别标准。

**（3）乡村转型机制的定量解译**

根据图3.1，乡村转型是外源驱动与内生响应耦合作用的结果，因此，通过构建乡村转型的综合指标体系，运用多元线性回归模型定量测度乡村转型的影响因素和作用路径。指标体系的选择围绕外源驱动的工业化、城镇化、市场化来选取变量，内生响应根据上述乡村重构构建的指标体系，计算得出乡村转型外源驱动综合指数和分维指数，结合乡村重构综合指数以及分维指数，作为多元线性回归模型的自变量，以上述方法计算得出的乡村地域功能综合指数以及分维指数为多元线性回归模型的因变量。基于综合、分维、分项三个层次进行多元线性回归，辨识乡村地域系统的主控因素以及作用机制。通过农本功能的变化趋势以及相对于城市地域功能的比较来审视乡村转型的主体效应和总体效应,为乡村振兴的实施路径提供基础信息。

### 3)乡村重构、转型、振兴的关联机制

乡村重构与乡村地域功能的定量测度为乡村重构、转型、振兴的关联机制提供了数理基础。以乡村地域的综合功能及分维功能的现值及变化率(即2018年现值和2018年相比较2000年的增长率)构成六维向量,运用 SOFM 模型,形成不同的主体功能区,即为乡村振兴的发展分区,提取每个分区的主导功能,以主导功能为关联基础,提炼乡村振兴模式。不同的主导功能有不同的主控要素,根据多元线性回归结果,一种主导功能有其相对应的标准化系数较高的外源驱动要素和内生响应要素。以主导功能为方向,根据其相关的主控因素,主控要素的提炼即是乡村地域系统要素的重组,从而达到结构的重塑,优化或强化乡村地域的功能。提炼外源驱动主控要素优化乡村地域外部环境,提炼内生响应即经济重构、社会重构、空间重构的主控要素,在政府政策的引导下,通过结构的重塑达到地域功能的优化,是为乡村振兴的实施路径。

## 3.3  本章小结

乡村重构、转型、振兴具有内在逻辑关联。"重构特征—转型机理—振兴路径"是本章的逻辑主线,也是本研究的理论分析框架。本章构建的地理分析框架为后续章节的定量分析奠定了理论基础。主要结论如下。

①乡村地域系统由人类活动子系统与地理环境子系统及相互作用形成具有一定要素、结构和功能的有机系统。立足于人地关系地域系统理论,融贯乡村重构、转型、振兴的主线为乡村地域功能变化,以西南地区贵州为案例,以系统内部要素人口、产业、土地变化分析乡村地域结构重构特征,以乡村地域外的环境变化即外源驱动与乡村地域内的社会、经济、空间结构变化等内生响应耦

合揭示乡村转型机制,以重塑乡村地域要素关系、重组乡村地域结构从而达到优化乡村地域功能的目的来提炼乡村振兴路径。

②以系统内部要素变化解析乡村重构特征。基于要素—结构关联,构建综合指标体系解析乡村重构特征。以乡村地域内部要素人口、产业与土地的变化为基础,选择特征变量构成要素表征的指标体系。以产业投入产出为基础,选择特征变量表征经济重构;以人口承载为核心,选择特征变量表征社会重构;以土地的破碎化过程为导向,选择表征空间重构的相关指标。经济重构、社会重构、空间重构的相关指标集合即为乡村重构指标体系,乡村重构指标计算的最终值表征乡村地域系统重构程度。

③以内生响应与外源驱动耦合揭示乡村转型机制。乡村转型是工业化、城镇化、市场化等外源驱动与经济重构、社会重构和空间重构等内生响应耦合作用的结果,具有复杂的驱动机制。以多重结构分析解译主控因素和作用路径。以乡村转型外源驱动综合、分维、分项指数以及乡村重构综合、分维、分项指数作为多元线性回归模型的自变量,以乡村地域功能综合指数以及分维指数为多元线性回归模型的因变量。基于综合、分维、分项三个层次进行多元线性回归,辨识乡村地域系统的主控因素以及作用机制。

④以乡村转型机理探寻乡村振兴路径。乡村振兴是在政府引导下的自觉重构与转型推动的乡村地域功能优化与强化,通过探寻乡村转型机制中的主控因素以及针对乡村转型的地域空间分异的分区划分,提取主导功能,以主导功能概括贵州乡村振兴模式,以主控要素与转型效应叠加探寻乡村振兴路径。以主导功能为发展方向,分类实施乡村振兴战略路径,从内部主控因素出发优化乡村地域功能结构,从外部主控因素出发优化乡村振兴发展环境。

# 第4章　西南地区典型省域乡村发展基础

　　乡村人类活动对地理环境具有更强的依赖性,地理环境变化对乡村人类活动制约作用也更显著。乡村人类活动与地理环境变化之间的关系更为密切。梳理贵州乡村地域系统的自然环境基础和社会经济发展脉络,对掌握乡村地域系统在自然地理环境上叠置的人文地理环境,以及后续解析贵州乡村地域系统要素重组、关系重塑,解译乡村地域系统的演变过程与机制,优化或强化贵州乡村地域功能,起着基础性作用。

　　本章从自然环境基础和社会经济发展特征两个方面分析贵州省域乡村发展基础与特征。作为自然环境基础,岩石圈层的地质构造运动形成的地壳和大气圈,作为内部与外部物质能量的主要输入者,是支配贵州地域景观形成发展和分异的两大基本要素;加上水圈形成贵州地理圈的固、液、气三相的多种界面,它们之间的相互作用是在贵州的地形地貌的表现中最为鲜明的体现,而介于无机与有机之间的土壤是陆地景观属性的典型,通过生物圈把有机和无机界组合成一个整体。据此,一方面,贵州省域乡村发展的自然环境基础从地质构造、气候、水文、土壤、生物分项论述后,解析无机圈层和有机圈层相互作用后形成的贵州自然环境格局(四山八水)和典型的喀斯特地貌。另一方面,在概述贵州历史沿革、民族迁徙、社会经济发展历程的基础上,简要阐述了贵州乡村发展基础,着重突出社会经济发展阶段,为后续章节提供相关实践背景。

# 4.1　自然环境基础

贵州省简称"黔"或"贵"，位于中国西南的东南部，东邻湖南、南濒广西、西接云南、北与四川和重庆毗邻，介于东经103°36′—109°35′、北纬24°37′—29°13′；全省东西长约595 km，南北相距约509 km，总面积为176 167 km²，占全国国土面积的1.8%，是一个山川秀丽、气候宜人、民族众多的省份。

## 4.1.1　自然环境基础

### 1）地壳演变过程

贵州被誉为"地无三尺平"，境内山脉众多，其中国土总面积的92.5%为山地和丘陵，是国内没有平原支撑的省份，地理环境非常独特。贵州自古以来并不是西高东低的山地环境格局，而是经过上亿年的岩石圈构造运动，经过漫长的地壳演变，形成现在的自然环境基础条件。贵州的构造运动包括武陵运动、广西运动、燕山运动、喜马拉雅运动、新构造运动；造山运动包括洋陆转换阶段的造山运动和陆内活动阶段的造山运动两个阶段，武陵运动和广西运动为洋陆转换造山运动，燕山运动和喜马拉雅为陆内活动造山运动。贵州位于扬子地块与江南造山带之间的过渡区，发育于新原古代至新生代地层。贵州在不同时期、不同构造阶段分别处于不同的大地构造位置，不同时期、不同性质造山活动在平面上的迁徙控制了贵州地表的空间变化，经历了海洋向陆地的演变，也经历了早期东高西低、中期相对稳定而平坦、现今西高东低的演化过程。

### 2）自然基础条件

气候舒适宜人。贵州属于亚热带季风气候，气候温暖湿润、降水丰富、雨热同季。全省年平均气温在15 ℃左右，通常最冷月（1月）平均气温3～6 ℃，比同纬度其他地区高；最热月（7月）平均气温22～25 ℃，为典型夏凉地区。由于地质地貌的多元性,贵州气候也具有复杂性和多样性。

降水较丰富。贵州不仅是国内降水量比较丰富的地区,也是年变率较小、变化稳定的地区。贵州的年降水量分布总的来说是南多北少。黔西南州大部、六盘水市东部、安顺地区西部为多雨区,年降水量达 1 300～1 500 mm,多雨中心在晴隆,多达 1 538 mm,为省之冠。2018 年,全省水资源总量 978.68 亿 m³,折合径流深 555 mm,人均占有水资源量为 2 719 m³。

土壤相对贫瘠。贵州土壤面积共 159 100 km²,占全省土地总面积的 90.4%,土壤以红壤、黄壤为主。全省耕地坡度大于 25° 的占 21.09%,中下等质量的稻田比例占 60.8%。贵州山峻坡陡、岩石裸露,宜于种植的耕地不多,呈现出"先天不足"的情况,加上非生产性侵占的耕地多。耕地土壤资源短缺,人均占有量低于全国平均水平。

植被丰富多样。贵州的生物经过三叠纪的繁荣,第四纪冰川的变故,加上特殊的地质地貌条件,贵州动植物种类丰富,有古老的孑遗植物和特有植物,总体上贵州植被具有明显的亚热带性质,组成种类繁多。

## 4.1.2　自然环境特征

地貌是指地球表面由地球内外动力共同作用塑造而成的多种外貌和形态。内动力是指地球内能所产生的作用力,主要表现为地壳运动;外动力是指太阳辐射能通过大气、水和生物作用并以风化作用、流水作用等形式表现的力。气候对区域外力及其组合具有决定性影响。岩石是地貌的物质基础,由于贵州多碳酸岩,经过前文的贵州地壳运动过程叠加气候、水文、土壤、植被特征,导致了贵州广大喀斯特地貌的发育。贵州主要地貌类型为喀斯特地貌,呈现的整体自然环境格局为"四山八水"。

### 1)"四山八水"的自然格局

在新构造运动阶段,受太平洋板块与印度板块碰撞影响,以哀牢山为起点,云贵高原整体抬升,致使贵州西高东低、四山八水的格局基本形成。位于与云南交接地带的乌蒙山脉绵延起伏在贵州的西北高原,呈西北—东南走向,平均海拔高于 2 000 m,为省内主要河流乌江、赤水河、北盘江的发源地;北部有大娄山,自西向东北斜贯北境,沟壑纵横的大娄山脉平均海拔高于 1 500 m,高耸的山峰与深切的河谷让这里的地势异常险峻,形成了贵州北面的屏障。赤水河与乌江贯穿整个的大娄山脉,特殊的山地气候,养育了特殊的发酵菌群,酿造出茅台酒、董酒、珍酒、习酒、郎酒等众多佳酿;中南部苗岭横亘,主峰雷公山高 2 178 m,区内清水江串起了大部分苗岭区域。苗岭山地特殊的自然生态环境是黔中一带苗族同胞的世袭聚居地,民族风情浓郁,民族文化璀璨;东北境有武陵山,由湘蜿蜒入黔,平均海拔 1 300 m。武陵主峰梵净山为"贵州第一山"。高峻的山势和庞大的山体,形成了"一山有四季,上下不同天"的垂直气候特点,动植物分带明显,保存了世界上少有的亚热带原生生态系统。

贵州独特的山形孕育了多姿的水,八水是指省内八大水系或省内流域面积超过 10 000 km² 的河流。八大水系主要包括乌江水系、牛栏江水系、赤水河水系、沅江水系、北盘江水系、南盘江水系、红水河水系、柳江水系。流域面积较大的河流主要有乌江、赤水河、六冲河、清水江、北盘江、南盘江、洪水河、都柳江。乌江是长江右岸最大的支流,也是贵州最大的河流,是贵州古代发展重要水道;赤水河孕育了中国名酒茅台,也是贵州目前唯一没有被筑坝阻断的生态河与美酒河;清水江流域为贵州少数民族聚集地,为贵州增添了多彩的民族文化。

山脉—河流是自然地理格局的支撑和纽带,虽然自然地理格局相对稳定,地球表层空间的格局变化主要表现为人文景观的地理变化,但却是掌握相关区域乡村地域系统的首要任务,对乡村人类生产、生活活动空间格局发挥基础性作用,决定其空间展布的方向。据此,贵州四山水的自然环境空间格局,是解构贵州乡村地域系统演变与机理的基础,是探索贵州乡村振兴路基的基本条件。

### 2）喀斯特地貌特征显著

喀斯特地貌是全国五大地貌之一。从震旦纪到三叠纪,贵州沉积了巨厚的碳酸盐岩地层,为石漠化的形成奠定了物质条件。特定的地质时期,加上特定的气候条件,贵州喀斯特地貌发育非常典型。贵州喀斯特面积共计 109 084.5 km²,占贵州总面积的 61.92%,非喀斯特区主要集中在贵州东南部、赤水和册亨、望谟南部。

石漠化与喀斯特地貌相伴而生。贵州现有石漠化面积 36 472.6 km²,占全省喀斯特面积的 33.4%,占贵州国土面积的 20.7%。数据表明贵州省不仅是全国喀斯特面积最大的省份,也是全国石漠化面积最大、灾害最严重的省份。陡峻而破碎的喀斯特高原地貌叠加较大的地表切割度和地形坡度,为水土流失提供了动力潜能。从空间分布上来看,贵州石漠化土地主要集中分布在的贵州西部、南部和西北部。从本质上看,石漠化是一种土地退化过程,水土流失是石漠化形成的核心问题,石漠化扩展意味着生态环境恶化,影响农业发展和农民居住,影响乡村可持续发展。

## 4.2　社会经济发展

### 4.2.1　历史沿革

贵州历史悠久,早在 24 万年前,贵州就有人类居住与活动,是中国古人类的发祥地发源地之一。贵州黔西观音洞与北京周口店、山西西侯度分别代表中国旧石器时代早期的 3 种文化类型。春秋战国至西汉,贵州原属夜郎地区,《史记·西南夷列传》记载夜郎地区社会经济的特征是"耕田,有邑聚";魏晋南北朝时期,中央王朝对边疆控制有所松弛,贵州属牂牁郡,成为民族大迁徙、大融合的时期,苗瑶、百越、氐羌、濮人几大族系先后进入贵州,与古老的濮人错杂而居,在经济、文化上广泛交流;隋唐时期,乌江以北属于正州(经制州),乌江以南属于边州(羁縻州),这一时期贵州各地区经济发展不一,靠近川、湖的黔东和黔东北进步较快,南部和西部较为落后;宋代基本沿袭唐代的统治方法。由于南宋"朝廷以乏马为忧",贵州处于购买"川马"和"广马"的交会点上,促进了内地与边疆的经济和文化交流,刺激了贵州少数民族经济和社会的发展;元朝在西南开设驿道,从湖广至云南、四川至广西的驿道均经过贵州,使之成为开放态势;明代为了加强对西南的统治和巩固边防,"开一线以通云南",遂于永乐十一年(公元1413年)建立贵州布政使司,贵州始成一省。驿道的畅通和水道的整治,改善了贵州的交通条件,使之与全国终成一气,在政治、经济、文化上"渐比中州",各方面都有明显进步。清代实行"改土归流",将"苗疆"纳入流官统治,打破了土司割据状态。农业方面突出的表现是耕地面积的扩大和梯田的大量开垦,玉米的种植迅速推广,引进了蚕桑和楠竹。汞和铅的生产在国内占有重要地位,手工作坊在各地兴起。道路在清代有较大发展,并整治和开通了乌江、赤水河、都柳江、清水江等水道。

## 4.2.2　民族迁徙

民族大迁徙、大分化、大融合、大发展是秦、汉至宋、元时期贵州历史上的显著现象。古代苗瑶、百越、氐羌、百濮四大族系在不同的时期以不同的方向迁入贵州,与古老的濮人融合。原属于氐羌后裔的彝族人从黔西北方向进入高原草场上的毕节、六盘水,创造了高原旱地游牧与农耕相结合的文化;百越后裔的布依族、侗族、水族等民族,从长江流域和闽粤地区长途跋涉,沿着贵州东南部和南部的河流溯流而上,在黔东南、黔南等山间河谷地带创造了著名的梯田文化;居住在贵州北部地区的古老濮人是"黔北粮仓"的开拓者;明清以降,因身负"屯田戍边"的使命,大批汉族人由东向西,或由北而南,直入黔中腹地形成了中西部地区的汉文化分布带;沿东北方向武陵山等进入贵州的苗瑶族系,进驻黔东南榕江、雷山后,沿着苗岭山脊自东向西穿越至贵州西北高原一带,还有一部分迁至老挝、缅甸、越南一带,在贵州范围内形成广泛的苗族迁徙格局。基于不同的历史和不同的生产、生活方式,形成了不同的分布格局,迁徙演变,最终形成如今的以苗、布依、彝、回、侗、土家、水、仡佬、白等 17 个世居民族与汉族的大杂居、小聚居的民族交错空间格局。

## 4.2.3　发展阶段

### 1）总体概况

中华人民共和国成立以后,贵州在"三线建设""西部大开发""国发〔2012〕2 号文""大数据"等国家战略的部署下,中国天眼 FAST、贵广高铁与沪昆高铁等高铁网、县县通高速的高速路网、"一干十支"航空体系等重大项目的建设完成的背景下,贵州社会经济经历缓慢、曲折的发展历程后,在 2011 年步入快速发展期,经济增速位居全国前列,地区生产总值在全国从 2002 年的第 31 位上升到 2020 年的第 20 位,实现赶超进位的历史性跨越。

**产业结构不断升级。**贵州地区生产总值由 1949 年的 623 亿元增加到 2018 年的 14 806.45 亿元,年平均增长 32.5%。贵州第一产业不断巩固,第二产业加速发展,第三产业不断提高,已经从中华人民共和国成立初期的农业规模小、农业占绝对支配地位、产业单一发展的省份,发展成为一个以农业为基础、以工业为主导、以服务业为重要组成部分的省份。国民经济三次产业结构由 1949 年的 83∶0.12∶5.45 优化为 2018 年的 14.6∶38.9∶46.5。农业与工业得到持续发展,服务业创新发展,旅游业增长迅速。贵州逐渐形成以煤、电、烟、酒为主导的传统产业体系,积极拓展特色农业、装备制造、大数据、旅游等新兴产业发展与特色产业发展。贵阳成为国家互联网重要枢纽,区域创新能力上升较快。

**发展环境不断优化。**以交通为引领的物流开发取得重大突破,"十三五"期间入选首批交通强国建设试点,高速铁路通车里程实现质的突破,成为全国高速铁路网络中的重要节点。贵州于 2015 年实现县县通高速,形成了三大省域对外通道,主要包括沪昆、兰海、成贵等大通道。大力发展循环经济,加强节能减排,全省生态建设和环境保护成效显著。县级以上城市空气质量优良天数、森林覆盖率、主要河流出境断面水质优良率均排名全国前列。贵州世界自然遗产地数量全国第一,生态文明公众满意度全国第二,获评为全国四大"国家生态文明试验区"。

**生活水平日益提高。**人民生活实现了由贫穷到温饱和小康的历史性跨越,特别是改革开放以来,城乡居民收入和生活质量明显提高。扶贫开发取得巨大成就,贵州农村贫困人口由 1978 年的 1 840 万人减少到 2018 年的 155 万人,2020 年摆脱绝对贫困,66 个贫困县全部出列,打赢了脱贫攻坚战,与全国人民同步实现小康。贵州人民的生活环境得到较大改善,教育、医疗水平得到显著提升。

### 2)发展阶段

国民经济恢复和开展有计划的经济建设阶段(1949—1957 年)。贵州解放以后,恢复和发展农业生产,保护和发展民族工商业,大力发展交通运输,促进山区资源开发和商品经济发展等措施,使国民经济得到较快恢复和发展。从1953 年起,根据中央过渡时期的总路线和总任务,贵州开始了国民经济和社会发展的第一个五年计划,并对个体农业、个体手工业和资本主义工商业进行社会主义改造,逐步建立起计划经济管理体制。

"三线建设"和社会主义建设曲折发展阶段(1958—1978 年)。贵州和全国一样,进行了大规模的社会主义建设。贵州的工业布局逐步展开,工业生产能力有了很大提高,主要工业产品由 30 多种增加到 100 多种。从 1964 年下半年开始,中央政府在贵州大量投资进行"三线建设",贵州成为全国"三线建设"的重点地区之一。"三线建设"使贵州增加了一大批工业企业,改变了工业布局和工业结构,建成了航天、航空、电子三大国防科技工业基地,形成了煤电结合、水火电互济的能源工业体系和以有色金属、冶金、化工、建筑材料为主的原材料工业基础。交通运输方面,在 1959 年黔桂铁路全线通车的基础上,川黔、贵昆、湘黔 3 条铁路干线、一些省内支线和厂矿专用线相继建成。

坚持改革开放和社会经济稳步发展阶段(1979—2010 年)。1979—1992年,开创社会主义现代化建设新局面阶段。1978 年普遍采用了包干到户责任制形式。1984 年,完成了全省农村政社分开、建立乡政府的工作,结束了农村人民公社制度的历史。在进行经济体制改革的同时,逐步实行对外开放。以卷烟、名优酒为重点,大力发展消费品生产,全面调整国民经济,烟草、酿酒等行业逐步发展成为重要的支柱产业。1993—2000 年贵州实施"三大战略"和初步建立社会主义市场经济体制阶段。培育开放的市场体系,至 20 世纪末,社会主义市场经济体制在贵州初步建立,全省国民经济和各项社会事业的发展步入了稳步发展期。2000—2010 年,西部大开发战略和完善社会主义市场经济体制发展时期。贵州各族人民牢牢抓住西部大开发的契机,围绕加快发展这一主题,紧紧抓住基础设施、"西电东送"、退耕还林、结构调整、脱贫攻坚、"普九"等战略重点,加大投入、加快发展,使贵州改革开放和现代化建设步入了快速发展的新阶段,经济增长逐年加快,经济结构得到优化。

坚持转型发展和全面建成小康社会的快速发展阶段(2011 至今)。"十二五"和"十三五"期间,贵州社会经济发展步入快速发展时期。"十二五"时期,经济加速发展、综合实力快速提升。地区生产总值年均增长 12.5%,人均水平接近 5 000 美元。"十二五"时期交通发展进入"高铁时代",成为全国第七个县县通高速省份,九个市州均开通了支线机场。"十三五"期间,以脱贫攻坚为首要任务,66 个贫困县全部脱贫摘帽,与全国同步小康。农村产业革命深入推进,十二个农业特色优势产业快速发展。基础设施建设成果斐然,贵阳成为全国十大高铁枢纽。

### 4.2.4 乡村发展

#### 1)农业基础条件薄弱,限制因素多

贵州耕地少,且多为坡耕地,水土流失和石漠化严重,土壤贫瘠,旱涝灾害

较多,水资源多,但由于喀斯特地貌储水能力较差,农业水利建设滞后,农业灌溉用水有限。对照全国土壤普查肥力分级标准,有机质、全氮、全磷、碱解氮和速效钾处于中等水平,缓效钾为中低水平,有效磷为极低水平。土壤有机质和全氮含量虽然处于中等水平,但其活性低,对土壤肥力的贡献较小,表明喀斯特山区土壤养分处于贫瘠状态。

### 2)乡村人口占比仍较大,农村劳动力转移持续上升

1980 年贵州乡村人口 2 362.43 万人,占总人口比重达 80.44%。2000 年贵州乡村人口 3 755.72 万人,占贵州总人口比重为 76.13%。2018 年贵州乡村人口 1 889.28 万人,占总人口比重达 52.48%。2018 年全国乡村人口占比 40.4%,贵州乡村人口比重比全国高出 12 个百分点,乡村人口占比仍较大。1996 年贵州乡村从业人员为 1 510.2 万人,占全省从业人员总额的 84.69%,第一产业从业人员 1 235.6 万人,占全省从业人员总额的 69.29%;2018 年贵州乡村从业人员为 1 113.21 万人,占全省从业人员总额的 54.61%,第一产业从业人员 1 097.33 万人,占全省从业人员总额的 53.83%。农村居民可支配收入从 1980 年的 161.5 元增至 2018 年的 9 716 元,2007 年超过 2 000 元,达 2 373.99 元,这与全省农村劳动力转移达到增速的峰值的节点一致;2010 年后进入快速增长期,从 3 471.93 元增加到 9 716 元,这与贵州全省经济步入发展快车道的时间节点基本一致。贵州农村居民可支配收入与全国平均水平相比(全国 2018 年农村居民可支配收入为 14 617 元),仍存在较大差距。

在产业与区域比较利益的驱动下,以及国家政策的松绑、乡村劳动生产率的提高的推动下,大量的农村劳动力向城市转移。贵州的农村劳动力转移和全国的转移阶段基本保持一致。20 世纪 80 年代处于初期阶段,未形成规模;20世纪 90 年代进入快速增长期,1996 年末在外就业的农村劳动力超过 100 万人,达到 102.84 万人;2000 年后进入迅速倍增时期,2007 年超过 500 万人,期末在外就业农村劳动力达到 513.7 万人。之后增速趋缓,乡村人口转移与回流并存,2018 年末在外就业农村劳动力为 890.65 万人,是全国劳动力输出的主要省

份之一。

### 3）农业产值占比逐年下降，农业发展逐渐聚焦特色农业

1980 年以来，农业产值占比持续下降，但仍然远远高于全国农业产值占比。1980 年，贵州农业产值为 24.86 亿元，占贵州 GDP 的 41.25%，高于全国农业产值占比 29.6%；2018 年，贵州农业产值占贵州 GDP 的 14.59%，是全国农业产值占比 7.2% 的两倍多。

作为全国四大中药材产地之一，有药用植物资源 3 700 余种，占全国中医药品种的 80%。贵州农作物植物品种丰富，以传统的水稻、马铃薯、油菜为主。天然牧草资源丰富，是畜禽喜居之地。立体气候与生物多样性，为贵州发展特色农业提供了基础条件。坝区种蔬菜、辣椒、食用菌，坡地种茶叶、果树、中药材、刺梨，山上养牛羊，林下发展生态种植养殖。贵州将茶叶、菌类、中药材等列入 12 个农业特色优势产业，特色农业成为贵州农业发展的主要方向。

### 4）乡村旅游起步早，成为贵州乡村发展的重要突破口之一

贵州是全国最早开展乡村旅游的省份之一。贵州的自然地理环境和社会经济发展历程决定了贵州发展规模化农业和工业发展相对落后，但生态环境良好、气候凉爽，成为全国的后花园。近年来，贵州以交通为引领的物力开发取得重大突破，旅游业迎来异军突起式的发展，乡村旅游是贵州旅游发展的重要组成部分。20 世纪 80 年代初，贵州在全国率先开启了发展乡村旅游的帷幕，并将乡村旅游发展的国际理念付诸实践，形成了以"扶贫、遗产保护和人类发展"三位一体的贵州乡村旅游之路，被联合国世界旅游组织和世界银行列为"旅游消除贫困观察点"。

涌现了贵州乡村旅游发展和助推脱贫的典型村寨。2016—2019 年，贵州乡村旅游游客接待量年均增长 20%，增长了近 3 亿人次；乡村旅游收入年均增长 27%。目前，乡村旅游游客接待量占全省一半左右，全省开展乡村旅游自然村寨突破 3 500 个，占全省行政村总个数的 26% 以上，远远高于全国 5% 的占比，

乡村旅游发展遍布全省 88 个县区。2016 年以来旅游扶贫累计带动超过 100 万贫困人口受益增收,涌现出"花茂路径""好花红模式""西江样本"等助推脱贫先进典型。

# 4.3 本章小结

本章主要讨论贵州乡村发展自然环境基础和社会经济发展基础。第一,从地壳演变、气候特征、水文特征、土壤基础、生物多样性 5 个方面论述贵州自然环境基础,并在自然环境基础上概括了贵州自然环境特征。第二,从历史沿革、民族迁徙、发展阶段、乡村发展 4 个方面总结了贵州社会经济发展阶段及特征。本章对贵州自然地理背景与社会发展基础的阐述为后续章节的展开提供了研究基础和信息支撑。主要结论如下。

①贵州为典型山地喀斯特地貌,呈现四山八水的自然地理格局,土壤资源短缺,乡村发展的自然基础条件较薄弱。贵州处于西南山地民族地区,"地无三尺平",国土面积的 92.5% 为山地和丘陵;贵州亦属典型的喀斯特地貌,喀斯特面积共计 10.91 万 $km^2$,占全省总面积的 61.92%。贵州特定的地质演化过程和特定的地形地貌条件造就了生态环境的脆弱性,破碎的喀斯特地貌叠加较大的地表切割度和地形坡度,为水土流失提供了动力潜能,加剧了地表石漠化。山峻坡陡、岩石裸露,呈现出"先天不足",宜于种植的耕地较少,中下等质量的稻田面积占比达 60.8%,乡村与农业发展的基础较薄弱。

②贵州为典型的少数民族聚居地,社会经济发展经历了从落后于全国到增速处于全国前列的发展历程。贵州经过历史上的民族大迁徙、大融合后,最终形成了以苗、布依、彝、回、侗、土家、水、仡佬、白等 17 个世居民族与贵州的主体民族汉族的大杂居、小聚居的民族交错空间格局。贵州从 2002 年 GDP 排名第 31 位,到 2020 年排名第 20 位,从落后于全国到增速处于全国前列。从 2011 年开始,在国家政策的支持下,贵州社会经济发展步入快车道,以交通为引领的物

力开发、以大数据为引擎的技术开发、以服务业为重点的创新发展取得重要突破,但发展的质量和效益、发展的不平衡不充分的问题仍较突出。自然环境特征叠加社会经济发展基础,贵州乡村发展限制较多,但也具备一定发展基础。近年来,贵州坚持以脱贫攻坚统揽经济社会发展全局,彻底撕掉了千百年来的绝对贫困标签,但巩固脱贫攻坚成果,衔接乡村振兴仍任重而道远。

# 第5章　西南地区典型省域乡村重构分析

## 5.1　研究方法

### 5.1.1　指标选择

#### 1）指标选择原则

指标选择时应遵循指标选择的一般原则，主要包括系统性、整体性、代表性与全面性。系统性是指在确立乡村重构指标时，首先需对整个乡村地域系统有一个全局性的了解，这种了解包括对总系统与其各个子系统间及各个子系统之间的关系有清晰的认知。如前文所分析，乡村地域系统是由若干个子系统组成的，主要包括经济重构、社会重构、空间重构3个方面。往下继续划分，这些子系统各自又拥有自己的子系统，在实际操作中可以结合具体情况决定研究所要达到的子系统层次。整体性是指为了完成一定研究目的而选择若干个相互联系的指标组成的指标群，指标之间应具有一定的逻辑关系，即指标结构多指标综合评价是将反映研究对象不同属性的多个指标的信息联合起来，得到综合指标体系，由此来反映被评价对象的整体情况。综合指标体系有利于反映研究对象在同类对象中的水平高低，在宏观面上进行把握。代表性与全面性相结合，一方面，要注重单个指标的代表意义，尽可能接近被表征事物的内涵；另一方面，注重指标体系的内部结构。既要单个指标有代表性，能独立反映研究对象即乡村重构的结构含义,又要满足全面性,能联合反映评价对象的整体属性。同时,尽可能避免各指标互相交叉重复,从而做到其选择的指标体系简明,本研究以精简指标和占比关系来达到二者的平衡,较全面乡村重构的内涵。

在指标选择时不仅应遵循指标选择的一般原则,还应探寻乡村重构指标选择的自身逻辑。乡村重构指标的选择以人地关系理论为基础,以乡村地域功能为主线,坚持瞻前、聚中、顾后等乡村重构内在的逻辑关联原则。瞻前即是关注乡村重构的传统基础,乡村重构之"重"是相对传统乡村地域系统基础而言,明晰传统特征是审视当代变化的前提。聚中即重视乡村重构的当代特征,乡村重构之"构"是相对当代乡村地域系统变化而言,揭示当代特征是刻画重构的关键。顾后即兼顾综合效应,乡村重构关联乡村转型,刻画乡村重构的指标选择应能够为解读乡村转型提供理论支撑。

### 2）评价指标选择

以系统内部要素变化解析乡村重构特征。乡村重构即乡村地域系统要素及结构变化,包括经济重构、社会重构、空间重构,其中经济重构主要通过选取特征变量表征乡村地域系统内部经济—生产要素联系及作用方式变化,社会重构主要通过选择特征变量揭示乡村地域系统内部社会—生活要素变化,空间重构通过筛选特征变量表征在人类活动作用下自然—人文地理环境要素变化。通过系统要素、结构、功能的路径,以结构、功能关联选择特征指标,以综合指标体系解析乡村重构特征,特征指标的选择不仅能够反映西南地区乡村地域系统的要素的非线性作用方式的变化,而且能够为乡村地域系统功能转型提供解释。

#### （1）经济重构指标选择

经济重构是响应性变化,响应外部需求与供给,通过劳动、土地、资本的部门配置变化引发乡村产业结构变化,显著特征是农业生产相对弱化。系统内某个部分的要素、结构、功能在物质、能量、信息上都优化于该系统的其他部分的要素、结构、功能,那么系统的这个部分则可称为该系统的系统核或整体核。据此,识别现阶段乡村地域系统演化过程中的系统核是指标选择的首要任务。"人口—产业—土地"要素体系对应的"经济结构—社会结构—空间结构"三大结构和"生产功能—生活功能—生态功能"三大功能的"要素—结构—功能"体系构成当代中国乡村地域系统的系统核,经济结构是乡村地域系统结构中最为活跃的部分,在乡村地域系统结构中发挥主导作用,经济结构要素重组和关系重塑即为经济重构。乡村经济重构即在工业化、城镇化、市场化的外源驱动下乡村地域系统经济要素重组及其引起的产业结构变化,主要作用于乡村生产功能。根据经济学投入产出理论,为响应外部工业化、城镇化、市场化的需求,通过劳动、土地、资本的部门配置变化引发乡村产业结构变化,乡村经济迅速非农化。刻画乡村经济重构选择劳动、土地、资本及产业结构等指标,这类指标不仅能够反映乡村生产活动及变化,同时能够解释乡村经济发展及变化。

(2)社会重构指标选择

社会重构亦是响应性变化,响应外部需求与供给,通过人口、就业、收入的部门构成变化引发乡村社会结构变化,显著特征是农村社会均质弱化。社会结构包括人口结构、群体结构、城乡结构、就业结构、阶层结构等,人口结构是社会结构的基础。乡村工业化、农业现代化、乡村旅游化和人口城镇化等现象展示出乡村居民的居住行为和乡村地域生产方式的变化,并由此带动乡村社会行为主体、就业、收入及治理方式的变化,人口成为最活跃的要素,乡村人口迁移成为社会结构变化中最基本特征。乡村社会重构即乡村地域系统社会要素重组及人口结构变化。选择社会重构指标的基本逻辑是一定乡村人口、从事一定的职业(就业)、获取一定的收入从而达到一定的生活状态;外源驱动人口、就业与收入部门构成变化,从而引发社会结构变化,乡村社会从均质走向开放与多元;描述社会重构选择乡村人口、就业、收入等指标,这类指标不仅能够反映乡村生活活动及变化,同时能够解释乡村生活水平及变化。

(3)空间重构指标选择

空间重构是适应性变化,适应经济社会变化需求,乡村空间内部组织和外部空间关联发生变化,显著特征是空间从均质走向异质、内部从离散走向连接、外部从封闭走向开放。根据人地关系理论,经济重构和社会重构是解释内外环境约束下人类活动的状态与变化,而空间重构是描述人类活动作用下自然与人文地理环境状态与变化,是人类社会经济活动作用下的地理环境变化。乡村地域系统空间结构大多从土地利用和聚落体系等研究视角出发,基于宏观区域的一般研究和基于微观区位的问题研究是其主要的研究路径。本研究立足于县域的一般研究,因此选择土地利用作为乡村地域系统空间结构的研究视角。人类活动与地理环境相互作用下形成的地表空间格局一定程度上可称为景观格局,引用景观生态学相关理论和方法,用景观格局指数连接土地利用,测度地表景观格局的变化过程,特定的景观格局指数可揭示乡村地域系统空间结构的演变过程。

人类活动促进了土地利用方式的变化,土地利用方式的变化引发景观格局的变化。采用土地数据计算景观格局指数,能够揭示景观格局时空演变特征。立足地理学解析地域空间结构的基本思路,将其构成要素归纳为"点""线""面"(成熟阶段还包括"网络")等基本类型,反映乡村地域空间的集聚程度和集聚形态。运用景观生态学方法,以整体自然—人文地理环境子系统为对象,选取斑块类型水平和景观水平为评价指标的两个方面,以点、线、面为基础揭示人文景观图案,研究系统景观的时空过程与景观格局。乡村地域系统空间重构指标选择的基本逻辑是:立足于地理学采用土地利用变化揭示乡村地域系统的空间结构研究视角,利用土地遥感影像数据运用景观生态学方法定量测度,提取空间结构的点、线、面等要素,利用不同要素的景观格局指数表征乡村地域系统空间结构的复杂性和演变过程,分别刻画县域城乡建设用地(点)、连通度(线)、整体景观(面)等景观图案和空间结构。选取建设用地斑块面积与景观破碎度描述乡村空间从均质走向异质、乡村外部从封闭走向开放,选取景观连通度刻画乡村内部从离散走向连接。

## 5.1.2 指标体系构建

指标体系是将反映研究对象不同属性的多个指标的信息联合起来,得到一个综合指标,由此来反映被评价对象的整体情况。从乡村地域系统要素、结构、功能视角出发,参考已有研究成果,结合上述指标体系构建原则,构建贵州乡村重构指标评价体系。

乡村地域系统具有复杂要素联系。乡村重构的实质是通过乡村地域系统关键要素的整合、结构优化,从而实现乡村地域功能最大化发挥的过程。据此,对乡村重构的研究需置于乡村地域系统"要素—结构—功能"的框架内,从系统科学的视角出发,立足人地关系理论,反映乡村内部要素变化以及结构演化的速度与方向。如前所述,将乡村地域系统重构概括为经济重构、社会重构和空间重构三个维度。据此,以"要素—结构—功能"内在逻辑为基础选择特征指标,构建综合指标体系揭示乡村重构特征。根据上述经济重构、社会重构、空间重构的指标选择的基本逻辑,经济重构表征系统内部经济—生产要素变化,选取乡村地域系统经济结构相关要素,基于投入产出理论,选取农村投入占比(资本)、农业劳动占比(劳动)、农业耕地占比(土地)3个要素相互作用引发的产业结构变化(农业产值占比)4个指标表征乡村经济重构;选取乡村人口占比、非农就业占比、农民收入占3个指标表征乡村地域系统社会—生活要素变化即社会重构,其中非农就业劳动力主要包括县内二三产从业人员以及县外就业农村劳动力,贵州作为西南地区典型区域,既有中西部乡村人口向东部城市转移的共性,也有作为回乡创业、乡村旅游促进多功能乡村发展、重塑产业、乡村人口回流的现象并存,在外就业农村劳动力可较好地反映这一现象。空间重构表征自然—人文地理环境要素变化,根据乡村地理环境要素组成,运用景观生态学方法,采用Fragstats 4.2软件,选择斑块面积占比即城乡建设用地斑块面积占比揭示乡村空间"点"从均质走向异质的演化过程;选择景观连通度即县域内各斑块之间的连接程度,相邻距离越近,表示彼此之间的物质循环和能量流动发生频率越高,解析乡村内部由离散走向连接即空间重构中"线"的演变过程;选择景观破碎度表征整个景观被分割的破碎化程度,解析县域整体性景观空间结构的复杂性,对应地表自然景观在人类活动作用下整体景观从均质向异质变化过程,即空间结构中"面"的破碎化过程。通过 3 个景观破碎化指标揭示乡村地域空间由于人类活动的干扰导致的景观由简单趋向于复杂的过程,即景观由单一、均质和离散的整转向复杂、异质、连续的斑块镶嵌体。景观破碎化反映了人类活动对景观影响的强弱程度以及景观空间结构的复杂性。

设 RRC 为乡村重构综合指数、RE 为经济重构指数、RS 为社会重构指数、RK 为空间重构指数。通过标准化后,运用熵值法计算各分项指标的权重,加权求和计算乡村重构综合与分维指数值,见表 5.1。

表 5.1　乡村重构综合指标体系表

| 目标层 | 准则层 | 指标层 | 属性 | 指标释义 |
|---|---|---|---|---|
| 乡村重构<br>(RRC) | 经济<br>重构<br>(RE) | 农业产值占比($E_1$) | － | 农业产值占比＝农业总产值/地区总产值 |
| | | 农村投入占比($E_2$) | － | 农村投入占比＝农村固定资产投资/全社会固定资产投资 |
| | | 农业劳动占比($E_3$) | － | 农业劳动占比＝农业从业人员数/全社会从业人员数 |
| | | 农业耕地占比($E_4$) | － | 农业耕地占比＝农业耕地面积/辖区土地总面积 |
| | 社会<br>重构<br>(RS) | 乡村人口占比($S_1$) | － | 乡村人口占比＝乡村总人口/地区总人口 |
| | | 非农就业占比($S_2$) | ＋ | 非农就业占比＝非农就业劳动力/乡村总劳动力 |
| | | 农村居民可支配收入占比($S_3$) | － | 农村居民可支配收入占比＝农村居民可支配收入/城乡居民可支配收入 |
| | 空间<br>重构<br>(RK) | 斑块面积占比($K_1$) | ＋ | 斑块面积占比＝城乡建设用地斑块面积/县域面积 |
| | | 景观连通度($K_2$) | ＋ | 县域内各斑块之间的连接程度,表示彼此之间的物质循环和能量流动发生频率,揭示乡村空间由离散走向连接 |
| | | 景观破碎度($K_3$) | ＋ | 整个景观被分割的破碎化程度,表征县域整体性景观空间结构的复杂性 |

## 5.2 结果分析

### 5.2.1 乡村重构时间演变

#### 1）贵州乡村地域系统要素时间演变

贵州乡村人口变化主要表现为乡村人口占比下降和非农就业占比上升。2018 年,贵州乡村人口占比 64.7%（不包括 10 个市辖区）,乡村人口所占比重较大,但该比重下降较快,2000—2018 年乡村人口占比下降了 24.5%。但大部分县域乡村人口占比仍较高,乡村人口占比在 70% 以上有 20 个县,主要分布在贵州西南、东南、东北、西北的山区和石漠化片区,乡村人口占比在 50% 以下的仅 7 个县。乡村非农就业劳动力主要包括乡村从业人员中的二三产从业人员和在外就业农村劳动力,可以客观反映乡村人口流出情况。2000—2018 年非农就业占比上升了 37.8%,2018 年贵州期末在外就业农村劳动力为 890.65 万人,全国在外就业进城务工人员共 1.73 亿人,西部地区为 5 502 万人,贵州在外就业农村劳动力占全国 5.2%,占西部地区的 16.2%,乡村人口输出在全国排名靠前,为乡村人口输出大省,如图 5.1 所示。

贵州乡村产业的变化主要表现为农业劳动下降和非农产值的上升。贵州经济发展从 2011 年开始,增速处于全国前列,GDP 排名摆脱在全国位列最后方阵的位置。在一二产业不占比较优势的前提下,产业结构呈现三、二、一的结构状态。2000 年,贵州乡村从业人员占贵州总人口的 42.6%,农业劳动占比 76.4%,乡村从业人员持续减少,农业劳动力占比逐渐下降,2018 年乡村从业人员占比为 30.9%,农业劳动占比为 46.1%。随着工业化和城镇化的发展以及农业机械水平、农业投入的提高,农业部门的劳动力投入正在减少,向省内外二三产业转移的现象突出。2000—2018 年,农业产值由 40.4% 下降至 17.6%,非农产值

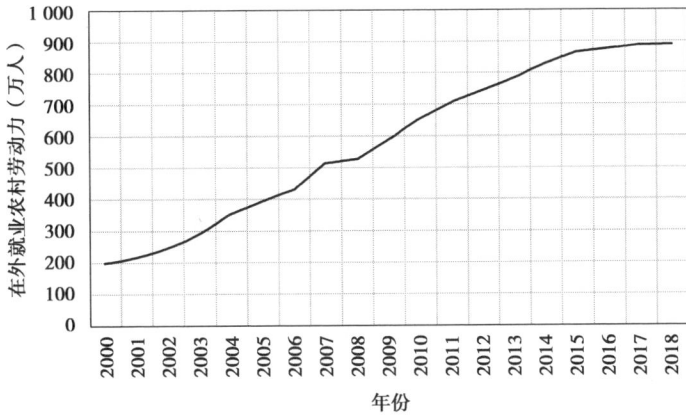

图 5.1　2000—2018 年贵州期末在外就业农村劳动力

占比上升较快,发展至 2018 年,贵州已经形成三、二、一产业结构。贵州粮食作物种植以稻谷、玉米、马铃薯为主,烟叶、药材、核桃有一定的种植面积。由于贵州土地石漠化较严重、土壤肥力一般,耕地面积占比较少,农业发展逐渐往多功能农业(特色农业和有机农业)发展。2000—2018 年,贵州县域二产占比从 35.9%升至 38.5%,三产占比从 25.2%升至 43.9%。第三产业中,旅游业的发展占据重要地位,旅游收入与游客接待量进入全国第一方阵,贵州省委、省政府提出四轮驱动的社会经济发展战略,分别为"新型工业化、新型城镇化、农业现代化、旅游产业化"。

贵州乡村土地的变化主要表现为耕地和农村居民点用地的变化。2018 年,贵州耕地总面积为 4.843 5 万 km²,与 2000 年相比,降幅较小,下降 2.5%(表 5.2),但区域差异较大。贵州 78 个县市耕地的降幅超过 10%的有 23 个空间单元,主要位于贵阳市周边县区,包括开阳县、清镇市、龙里县、息烽县等。还有部分县市原有城镇化较低,随着社会经济的发展,城镇化发展的深入,耕地非农化显著,耕地减少幅度超过 10%,如紫云、罗甸、册亨、望谟等。2018 年农村居民点用地为 3.116 6 万 km²,与 2000 年相比,增幅较大,增加 28.6%,年均增加 1.5%。2010 年增速较慢,2010 后,增速加快,这与 2010 年后贵州社会经济发展加速相一致。一方面,农村居民点用地的增加得益于社会经济发展;另一方面,随着乡村常住人口的增加而增加。由于乡村常住人口的增幅超过农村居民点用地的增幅,乡村常住人口人均农村居民点用地随着农村居民点用地增加而减少,2018年与2000年相比,乡村常住人口人均农村居民点用地下降20.5%,年均下降1.1%。

表5.2 2000—2018年贵州耕地与农村居民地用地变化

| 年份 | 耕地面积 | 耕地占比/% | 农村居民点用地 | 农村居民点用地占比/% |
|------|---------|-----------|--------------|-------------------|
| 2000 | 4.965 5 | 28.21 | 2.422 9 | 13.76 |
| 2005 | 4.980 3 | 28.28 | 2.568 2 | 14.58 |
| 2010 | 4.941 5 | 28.06 | 2.718 1 | 15.45 |
| 2015 | 4.900 9 | 27.87 | 2.916 8 | 16.56 |
| 2018 | 4.843 5 | 27.50 | 3.116 6 | 17.70 |

### 2)贵州乡村地域系统结构时间变化

根据5.1.2可知,以熵值法求取表5.1中各项指标权重,通过加权求和计算贵州省域乡村重构分维及综合指数,结果如图5.2、图5.3所示。

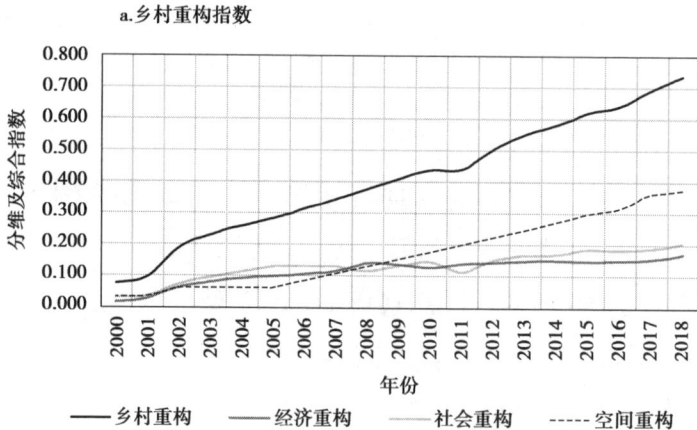

图5.2 2000—2018年贵州乡村重构分维即综合指数

b.乡村重构结构

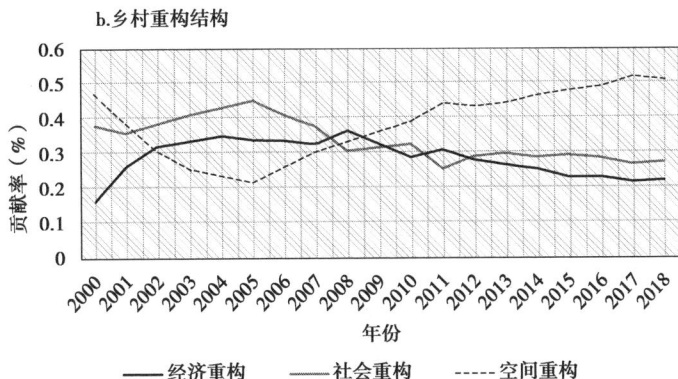

图 5.3　2000—2018 年贵州乡村重构分维指数贡献率

贵州乡村地域正在经历持续重构。2000—2018 年,贵州乡村综合重构指数从 0.071 增至 0.731,经济重构、社会重构、空间重构指数分别从 0.012,0.027,0.033 增至 0.162,0.199,0.370。研究发现,乡村经济重构主要表现为非农产值的上升与农业劳动的下降,非农产值占比由 59.6% 升至 82.3%,农业劳动占比由 76.4% 降至 46.1%;乡村社会重构主要表现为乡村人口占比的下降和非农就业占比的上升(为了真实反映非农就业的发展趋势,指标中引入期末在外就业农村劳动力和乡村从业人员),乡村人口占比由 89.2% 降至 64.7%,非农就业占比从 29.8% 升至 67.6%;乡村空间重构主要表现为城乡建设用地斑块面积占比的变化,城乡建设用地斑块面积占比由 0.34% 升至 1.23%,增长率为262%。乡村地域要素组织及系统结构发生剧烈变化,并推动贵州乡村地域功能转型。

贵州乡村重构指数变化具有典型性特征。对比已有研究成果,空间重构往往滞后于经济重构或社会重构(图 5.2),贵州从 2005 年开始,空间重构指数迅速增加,在 2008 年后超越经济重构和社会重构指数。经济重构指数低于社会重构或者空间重构指数(2008 年除外),2009 年以前以社会重构为主导,2009年后以空间重构为主导。进一步,从图 5.3 可知,乡村经济重构对乡村重构综合指数的贡献率的变化以 2005 年为节点,先下降后迅速上升,乡村经济重构贡献率先上升、中间波动式变化、后下降的变化趋势,乡村社会重构呈现交替波动式变化,总体呈现先上升、中间下降、后略微回升的发展态势,这与贵州经济发展相对滞后,2009年在外就业农村劳动力增长迅速,空间结构与国家政策引导下政府干预行为密切相关是相吻合的(2005年开始社会主义新农村建设,2012年国家为贵州发展专门颁发国发2号文)。

贵州乡村重构呈现阶段性特征。2000—2004年,乡村经济重构贡献率从16%升至35%,是为经济重构作用显著趋势强阶段,乡村社会重构和空间重构贡献率呈缓慢上升或迅速下降趋势,是为经济重构主导阶段;2005—2011年,乡村社会重构与经济重构贡献率呈现波动式变化,且总体上乡村社会重构指数大部分时候高于经济重构和空间重构指数,是为社会重构主导阶段;2012—2018年,乡村空间重构贡献率和乡村空间重构指数迅速提升,到2018年,贡献率接近50%,乡村空间重构指数高于乡村经济重构和社会重构指数,是为空间重构主导阶段。进入21世纪,由于外源驱动作用与国家政策引导下的政府干预,贵州乡村重构大抵具有"农业结构变化主导—农村人口流动主导—城乡建设用地变化主导"等不同阶段特征,与贵州社会经济发展历程以及国家重要政策颁布的节点基本吻合。

## 5.2.2　乡村重构空间演变

### 1)总体特征

从时间序列来看,贵州乡村重构程度以2012年为界,前期逐步攀升,后期加速提升。基于经济、社会和空间重构指数的评价结果,计算乡村重构综合指数。研究表明,从时间序列来看(图5.4),贵州乡村重构程度逐渐趋强,从2000年的大部分县域乡村重构指数处于0.25以下,最低值为0.12、最高值为0.37,到2018年大部分县域乡村重构指数处于0.3以上,最高值为0.76,乡村重构剧烈程度逐渐加深。从图5.4可知,2010年以前,乡村重构综合指数低值区数量减少缓慢,表明乡村重构相对缓慢。2012年,国家颁发《国务院关于进一步促进

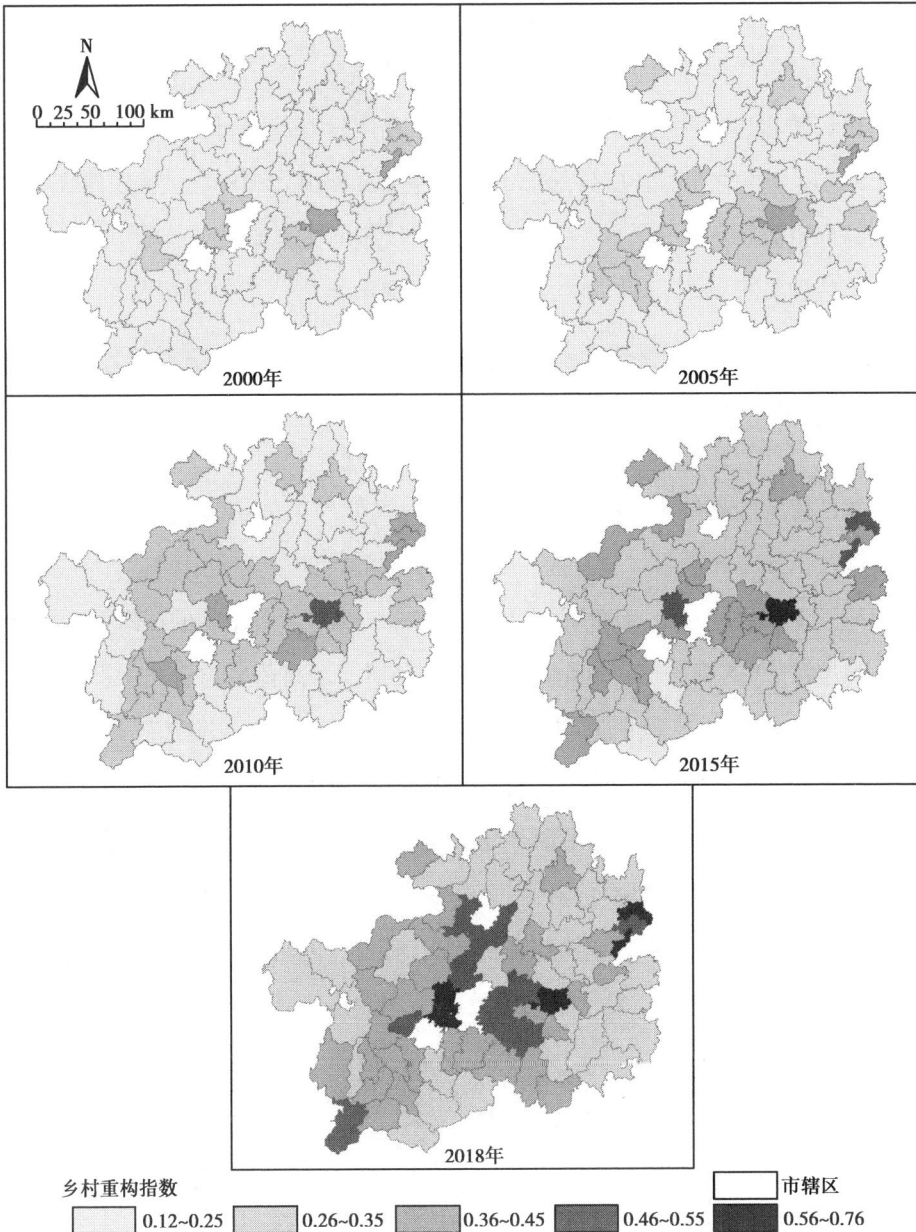

图 5.4　2000—2018 年贵州乡村重构空间格局演变

贵州经济社会又好又快发展的若干意见》(国发〔2012〕2 号)文件,开始加大对贵州的投入(2015 年贵州省实现县县通高速,2014 年开通贵州至广州的高速铁路），贵州社会经济步入新的发展轨道，加强了贵州县域乡村与外界的连接，贵州乡村地域重构的外源驱动作用加强并加速由城郊、交通干道等中心地带往省内周边扩散。2012 年后，贵州乡村重构剧烈程度日益趋强，低值区数量迅速减少，2015 年乡村重构综合指数低于 0.25 仅剩下 4 个县，2018 年大部分县域乡村重构综合指数超过 0.3。

从区位特征来看，乡村重构综合指数高值区始终位于地区或州府所在地、城郊，低值区始终位于与邻省交界的山区和石漠化片区。研究表明，从区位特征切入，乡村重构的高值区从 2000 年到 2018 年始终位于铜仁市市辖区、贵阳市城郊、黔东南与黔南州府，高值区与低值区呈现核心边缘结构。乡村重构综合指数低值区始终位于贵州与周边省份交界的北部大娄山、西北乌蒙山、东南苗岭以及西南滇桂黔石漠化片区。如与重庆交界的北部大娄山的道真和务川，西北与云南交界的乌蒙山区内的赫章和威宁、东南与广西交界的苗岭山区内的从江和榕江、西南滇桂黔石漠化片区的望谟和册亨。高值区与贵州中部的黔中城市群范围高度吻合，低值区与贵州边缘地带的山区和石漠化片区高度重叠。且乡村重构区位差异一直保持，高值与低值的比值由 2000 年的 3.08 仅降至 2018 年的 2.92，表明山地与平原地区不同，区位差异随着时间的推移变化较小，亦说明乡村重构外源驱动作用显著并正向贵州边缘山区加速扩散。

从区域格局来看，乡村重构综合指数高值区沿沪昆出省通道分布演变为沿沪昆高速和兰海高速"T"形分布。沪昆高速和沪昆高铁的走向基本一致，也与贵州历史发展中的古驿道的走向一致（从铜仁市的玉屏经三穗、台江、凯里、麻江、贵定、龙里、贵阳、清镇、平坝、西秀、镇宁、关岭、晴隆、普安、盘州至云南昆明），高值区最先沿交通干线的出省门户（如玉屏）、交通干线交会处（如贵阳市、安顺市周边县市以及州府凯里与都匀连片地带）出现，逐渐往西北国内交通要道（杭瑞高速与成贵高铁的走向）、黔北交通要道（兰海高速与贵渝高铁的走向）、南部交通要道扩散。最终形成沿沪昆高速和兰海高速"T"形分布的高值分布区。交通要道是工业化等外源驱动乡村重构的主要媒介，特别是高速公路和高速铁路在山区的媒介作用显著,水路交通优势尚待进一步挖掘。

### 2)阶段特征

2000—2005年,乡村重构程度处于相对平缓阶段。乡村重构综合指数的绝对数值的增加幅度较小,综合指数相对高值区数量增加亦较少,乡村重构综合指数均值从0.205提升到0.237。乡村重构综合指数相对高值区沿沪昆高速(即明清时期开辟的驿道)分布,在三省交界处也是贵州交通出省连接中部和东部的重要节点的铜仁市玉屏等地、黔东南与黔南的州府所在地、安顺与贵阳的城市周边县域形成三大相对高值区的聚集区,低值区占比较大,在贵州的周边山区与石漠化片区连片聚集。形成这样的空间格局,原因可能为贵州地处西南山区,发展阶段内交通改善较少,乡村地域与国内工业化、城镇化连接程度较低,农业产值占比50%以上的县域单元较多,乡村人口占比极高(70%~90%),外出务工人员占比不高,城镇发展缓慢,城镇建设用地增速较低,以致5年间的乡村重构各分项指数值增加缓慢,表明外源驱动对乡村地域结构中各要素的作用力尚小,内生响应中各要素的相互作用力亦偏小。

2005—2010年,乡村重构程度处于加速变化阶段。乡村重构综合指数相对较高值区占比超过总空间单元的一半,原有三大相对高值集聚区沿沪昆高速扩散集聚成从东到西跨越贵州的最大连片区域,并向贵州北部毕节的黔西和织金方向以及贵州西南部的黔西南州方向扩散。以沪昆高速为界,低值区在南部、西北角和东北部集聚分布。表明贵州乡村重构方向从中部沪昆高速沿线呈集聚态势再往北部与西南部逐渐扩散,作为贵州四大山地集中的边缘地带始终处于低值区。这一阶段,工业化加速推进,工业产值快速提升,农业产值占比迅速下降,大部分县域的农业产值占比接近20%,降至2000年的一半左右,期末在外就业农村劳动力从2005年的388万人迅速增至652万人。这一时期贵州乡村处于以经济重构为主、贵州工业化加速发展和非农就业快速提升驱动乡村重构阶段。

2010—2015年,乡村重构程度处于剧烈变化阶段。96%的县域乡村重构综合指数高于0.25,相对高值区数量迅速增加,2010年后,特别是2012年以后,进入剧烈重构阶段。乡村重构综合指数在0.35以上的相对高值区占比32.1%,主要以黔中城市群的贵阳、安顺为中心、连接凯里和都匀形成相对高值集聚区。低值区仅保留西北部乌蒙山区的威宁、滇桂黔石漠化片区的册亨、与广西交界的从江以及紫云四个县。2012年国发2号文的颁布是对贵州积累了10多年的西部大开发以及毕节试验区发展底蕴的激发,为贵州社会经济发展按下了加速键。2014年开通贵广高铁,贵州正式纳入全国高铁网络;9个市州全部开通支线机场,融入全国社会经济发展;2015年贵州实现县县通高速,贵州的外向通达性和内部连通性得以极大提升。贵州乡村在城镇化外源驱动以及内部乡村人口占比迅速降低和城镇建设用地迅速提升的内部响应下,经历持续、剧烈的乡村重构过程,非农就业人口迅速增加,期末在外就业农村劳动力达到865万人。这一时期贵州乡村处于以社会重构为主、贵州城镇化外源驱动和乡村人口非农化、县域空间异质化为主要响应的乡村重构阶段。

2015—2018年,乡村重构程度处于深入变化阶段。乡村重构向纵深发展,基本覆盖贵州全域,乡村重构综合指数均超过0.26,低值区消失,低于0.3的相对低值区位于与邻省交界的山地,如威宁、赫章、望谟、册亨、道真、从江、榕江、天柱、雷山、剑河等,黔东南州最多,这与其县域经济发展处于全省最后方阵是一致的,其中6个是全国脱贫攻坚最后出列的贵州9个县之一。乡村重构综合指数高于0.45的高值区均位于市辖区、州府所在地以及贵阳等黔中城市城郊。经济重构与社会重构引发空间剧烈重构,贵州乡村人口持续下降,城镇建设用地迅速增长,乡村重构在地域上向全省加速扩散,空间重构剧烈、地域内部连通性加强、地域异质性凸显。这一时期,贵州乡村处于空间重构最为剧烈,工业化、城镇化、市场化驱动乡村地域进入持续的、深入的乡村重构阶段。

### 3)分维特征

#### (1)乡村经济重构特征

从乡村经济重构指数评价结果来看,贵州区域内部差异较大、阶段特征明显。从时间序列来看(表5.3、图5.5),4个研究阶段的乡村经济重构指数均值逐渐走高,但总体跨度不是很大,说明西部乡村非农经济发展相对缓慢,外源作用力大于内生响应力。各阶段偏度系数均小于0,但2010—2015年偏度系数绝对值最大,表明这一阶段乡村经济重构指数离群的程度最高。中值在2000—2005年、2015—2018年略大于均值,其他两个阶段略小于中值,数值在均值左侧较多与右侧较多呈交替变化态势。峰值系数先增加后减小,区域内部经济重构程度的差距呈现先增加再缩小的态势,且峰值小于3,表明经济重构指数越来越集中;标准偏差先递减后增加,说明区域内部乡村经济重构指数偏离平均值的程度呈波动变化,其中2000—2005年乡村经济重构指数偏离平均值最大。

表5.3 乡村经济重构指数总体统计特征

|  | 2000—2005 年 | 2005—2010 年 | 2010—2015 年 | 2015—2018 年 |
|---|---|---|---|---|
| 均值 | 0.077 3 | 0.093 2 | 0.104 6 | 0.110 8 |
| 中值 | 0.077 8 | 0.091 9 | 0.104 2 | 0.110 9 |
| 标准偏差 | 0.017 2 | 0.015 4 | 0.014 4 | 0.014 5 |
| 偏度系数 | −0.242 3 | −0.020 5 | −0.458 6 | −0.306 5 |
| 峰值系数 | 0.203 1 | 0.253 2 | 0.136 9 | −0.017 1 |

从空间分布来看,乡村经济重构指数相对高值区与低值区均由分散分布到相对集聚的动态格局。相对高值区由贵州西南部的黔东南与黔南往贵州北部遵义、贵州西南部扩散。2000年,相对高值区占空间单元总数的43%,主要位于贵州西南部,高值区位于州府所在地和率先发展旅游的县市,其他区域乡村经济重构指数普遍偏低。2005年,相对高值区增加到85%,高值区沿原有高值区向周围扩散,形成凯里、都匀、贵州城郊的连片高值区和镇远到黎平的连片高值区。2010年低值区消失,相对高值区占空间单元总数的50%,高值区沿沪昆高速东段连片分布。2015年,相对高值区占空间单元总数的76%,高值区从西南逐渐向西扩散。2018年,相对高值区占空间单元总数的79%,高值区在贵州西南部的黔东南州和黔南州连片分布。贵州西南部的黔东南和黔南的乡村经济重

构指数始终占据贵州乡村经济重构的高值区,这两个州也是贵州最先发展旅游的市州,农业基础也相对薄弱,农业劳动和耕地占比均较低,在贵州县域的工业均不发达的情况下,旅游带动的第三产业成为贵州乡村经济重构重要驱动力。

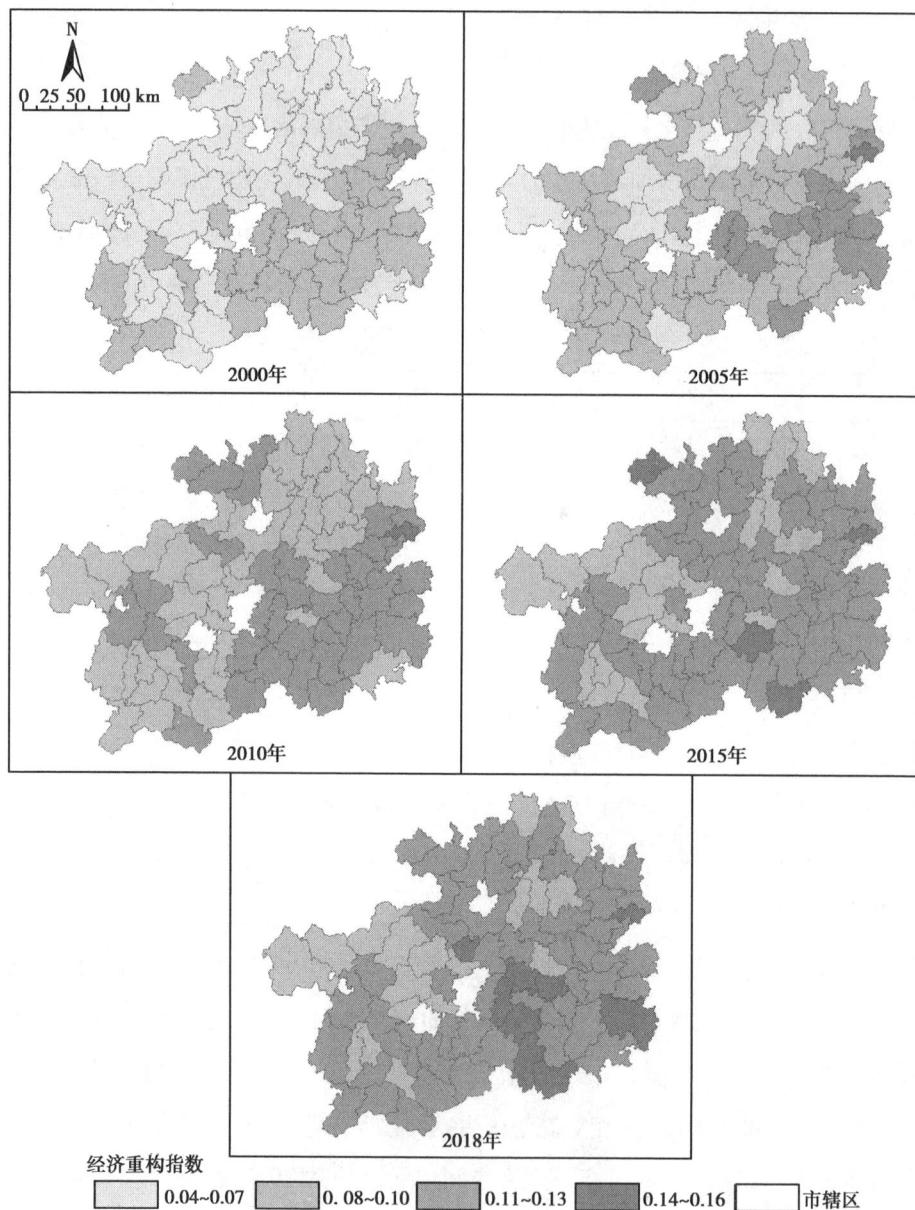

图 5.5　2000—2018 年贵州乡村经济重构空间格局及变化

（2）乡村社会重构特征

从乡村社会重构指数评价结果来看,贵州区域内部差异较大、阶段特征明显。从时间序列来看（表5.4、图5.6）,4 个研究阶段的乡村社会重构指数均值逐渐走高,且总体跨度较大,说明西部乡村社会发展相对快速,外源驱动下的社会结构内生响应较强烈。各阶段偏度系数只有2010—2015 年小于0,其他阶段中值均大于0,且中值略小于均值,说明均值左侧数据较多,乡村社会重构程度低的地区较多。2005—2010 年偏度系数绝对值最大,表明这一阶段乡村空间重构指数离群的程度最高。峰值系数逐渐减小,区域内部社会重构程度的差距呈缩小的态势,且峰值小于3,表明社会重构指数越来越集中。标准偏差先递增后减少,说明区域内部乡村社会重构指数偏离平均值的程度呈波动变化,其中2010—2015 年乡村社会重构指数偏离平均值最大。

表5.4　乡村社会重构指数总体统计特征

|  | 2000—2005 年 | 2005—2010 年 | 2010—2015 年 | 2015—2018 年 |
|---|---|---|---|---|
| 均值 | 0.058 4 | 0.070 5 | 0.092 2 | 0.116 4 |
| 中值 | 0.055 7 | 0.066 0 | 0.090 0 | 0.116 1 |
| 标准偏差 | 0.017 2 | 0.017 9 | 0.026 3 | 0.024 5 |
| 偏度系数 | 1.827 8 | 2.064 6 | −0.490 4 | 0.551 5 |
| 峰值系数 | 1.175 0 | 1.408 3 | 0.478 8 | 0.211 0 |

从空间分布来看,乡村社会重构以2010 年为界,前期重构程度平缓,后期重构程度剧烈;2010 年以前,相对高值区从零散的点状分布向北和西南缓慢扩散,2010 年社会重构相对高值区在全省中部往周边蔓延,占比极高。2010 年后,相对高值区基本停止扩散,乡村社会重构指数一直攀升,表明省内90%以上县域乡村社会重构进入剧烈重构阶段,这与研究初期乡村人口占比极高与非农就业占比较低,到2010 年后,乡村人口占比急剧下降而非农就业占比迅速提升的变化是一致的。2000 年,相对高值区占空间单元总数的18%,呈随机分布状

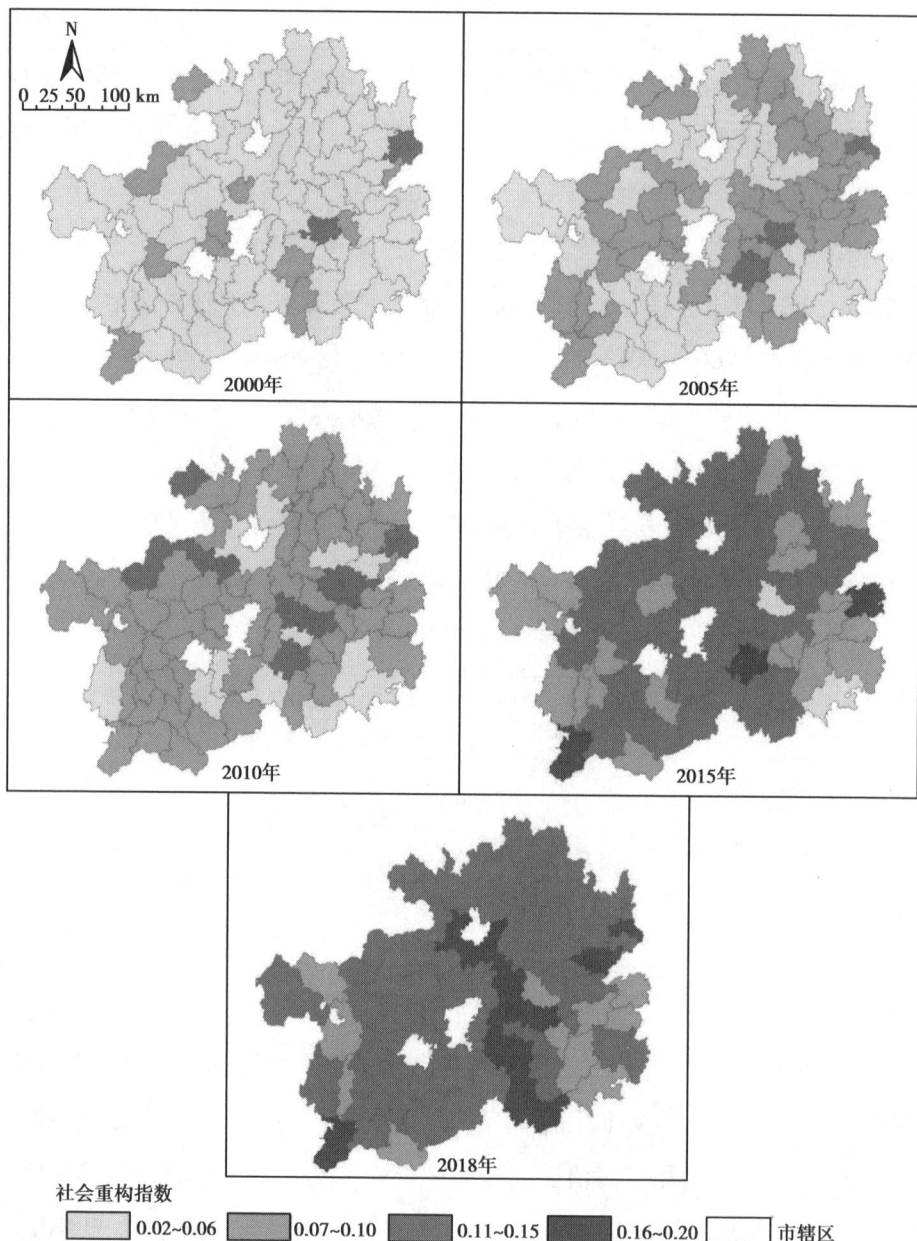

**图 5.6　2000—2018 年贵州乡村社会重构空间格局及变化**

态,其他区域乡村社会重构指数普遍偏低。2005 年,相对高值区增加到 60%,
高值区沿沪昆高速东段集聚分布,向北向西扩散。2010 年相对高值区占空间单元总数的85%,高值区在州府所在地及周边零散分布。2015年,低值区仅剩余2个空间单元,乡村社会重构指数较高值区转变为高值区。2018年低值区消失,相对高值区在省域范围内除东南部外连片分布,高值区沿兰海高速呈轴线状分布。贵州社会经济发展落后于全国,全国范围的工业化和城镇化对贵州的影响相对滞后,引致贵州乡村社会重构在2012年前后呈现明显的阶段性特征。2010年后,以乡村人口占比的快速回落和非农人口的加速攀升,引发各县市乡村社会重构程度日益趋强。

(3)乡村空间重构特征

从乡村空间重构指数评价结果来看,贵州区域内部差异较大、阶段特征较明显。从时间序列来看(表5.5、图5.7),4个研究阶段的乡村空间重构指数均值逐渐走高,但总体跨度不大,说明西部乡村空间重构总体相对平缓。各阶段偏度系数均大于0,且中值略小于均值,说明均值左侧数据较多,乡村空间重构低值区空间单元个数较多,且偏度系数逐年攀升,表明乡村空间重构指数离群的程度越来越高。峰值系数逐渐增大,区域内部空间重构程度的差距呈增强的态势,且峰值小于3,表明空间重构指数越来越集中。标准偏差逐渐提高,说明区域内部乡村空间重构指数偏离平均值的程度越来越大,其中2015—2018年乡村经济重构指数偏离平均值最大。

表5.5　乡村空间重构指数总体统计特征

|  | 2000—2005 年 | 2005—2010 年 | 2010—2015 年 | 2015—2018 年 |
|---|---|---|---|---|
| 均值 | 0.085 2 | 0.090 0 | 0.104 1 | 0.129 6 |
| 中值 | 0.076 8 | 0.083 0 | 0.095 0 | 0.111 4 |
| 标准偏差 | 0.035 4 | 0.039 0 | 0.048 9 | 0.069 8 |
| 偏度系数 | 1.268 5 | 1.475 8 | 4.272 4 | 5.149 6 |
| 峰值系数 | 1.135 1 | 1.208 5 | 1.694 1 | 1.984 4 |

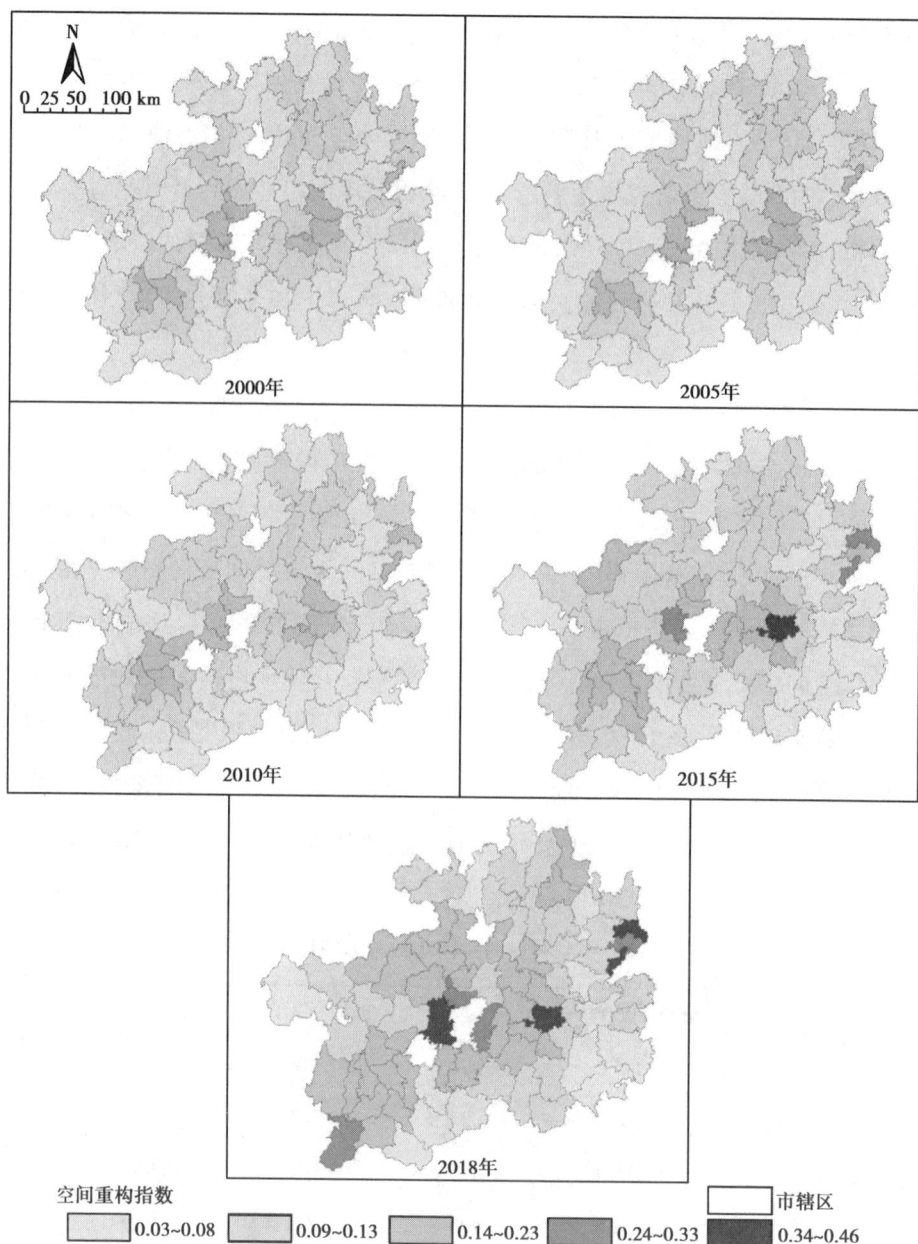

图 5.7　2000—2018 年贵州乡村空间重构空间格局及变化

　　从空间分布来看,乡村空间重构指数相对高值区从前期的沿沪昆高速轴线
式分布到以贵阳安顺、遵义等城市为中心的连片集聚分布,呈现典型的核心-边

缘结构。起初沿沪昆高速轴线型分布,表明贵州乡村空间重构从乡村外部由封闭走向开放开始,随着城镇化在后期步入快速发展轨道,乡村内部由离散走向连接,乡村空间重构开始转向以城镇为中心的连片式集聚,充分彰显了乡村空间由均质走向异质的过程。2000—2005 年,由于经济与社会重构作用相对平缓,在人类活动约束下的空间重构具有延迟反应效应,6 年间的空间重构作用强度变化幅度极小,相对高值区扩散非常有限。2010 年,相对高值区在原有基础上往西北与西南扩散,相对高值区占空间单元总数的 55%,高值区一直沿沪昆高速点状分布。2015 年,高值区开始向贵阳和安顺的城郊集聚,相对高值区占比 75.6%,低值区持续减少。2018 年,相对高值区和高值区数量迅速攀升,主要沿贵阳、安顺、遵义城区周边聚集。相对低值区持续减少,西北乌蒙山区内威宁、西南部滇桂黔石漠化片区内 4 个县市、东南部的黎—从—榕一带始终保持低值区。据此,贵州乡村空间重构由城镇建设用地的增加即城镇化外源驱动主导,在 2010 年后,进入剧烈重构阶段。

(4)结构特征

从要素耦合来看,贵州乡村重构具有结构非均衡分布特征。总体上,乡村经济重构和乡村空间重构表现出与乡村重构大致相同的区位结构和区域格局。地处沪昆高速沿线特别是与兰海高速交会地带占据乡村重构的高值区,贵州西北、东北、东南、西南的山区和石漠化片区始终保持低值区位。另外,乡村社会重构表现出不尽相同的空间特征。乡村社会重构的高值区和低值区相对不稳定,呈随机分布特征。相对于乡村经济重构和乡村空间重构,乡村社会重构呈现相对均质化特征。贵州地处西南山区,乡村人口域外迁移是县域乡村社会重构的普遍性因素,相对于经济重构和空间重构聚集性,社会重构指数相对偏低,缺乏集聚型基本符合西南地区乡村发展实际。

综上所述,西南地区的乡村重构与中部农区和东部沿海有着不同的结构性特征,特别是贵州作为国家生态文明试验区,空间重构在乡村重构中发挥引领性作用,一方面,是由于贵州作为在全国少数的以生态为主体功能的区域,将绿水青山就是金山银山的价值发挥到了极致,基于环境保护功能之外的价值日趋增强。另一方面,贵州作为全国经济发展落后地区,内生响应特别是经济的内生响应相比中东部要微弱得多,基于工业化和城镇化的外源驱动作用更强,城镇建设用地的增加不是本身工业发展和城镇化的需要,而是基于外出务工和第三产业发展基于建设用地的土地需求,第三产业的内生响应作用相比第二产业要强。但同时空间重构在时序上具有相对滞后性,一是空间重构与国家政策引导下的政府干预行为密切相关;二是作为社会经济活动约束下的自然和人文环境变化,一般都要在时间上呈现滞后效应。贵州乡村经济重构与社会重构呈现比较复杂的关系,在前期经济发展非常缓慢的时期,基本处于乡村地域以外的经济发展推动社会重构。2012 年,贵州经济进入快速发展期后,经济重构推动社会重构趋强。

## 5.2.3 乡村重构地域模式

### 1)研究思路与方法

#### (1)研究思路

以主导因素透视乡村重构地理内涵,以乡村重构分区提炼地域模式。在地理学视野下,乡村重构的本质是乡村地域人类活动与地理环境相互作用发生了变化,乡村经济与社会重构表征人类活动变化,空间重构表征在人类活动作用下的自然—人文地理环境变化。乡村地域人地关系的时空格局演化表征乡村地域系统重构的地理效应。乡村重构可能存在经济重构主导、社会重构主导,或者空间重构主导,也可能存在两种或两种以上的均衡模式。基于 SOFM 模型进行乡村重构类型分区,基于多元线性回归模型辨识主控因素(该方法在下一个章节进行详细介绍,在此不作展开)。

#### (2)研究方法

乡村重构类型分区的基本思路是基于乡村经济重构、社会重构、空间重构构建一组定量指标,再选择适当的聚类方法得到分区结果。自组织特征映射网络(Self-organizing Feature Maps, SOFM)可以识别不同类别数据对象之间的尽可能大的差异,通过无教师示范的学习网络聚类方法,能较好地进行功能分区。SOFM擅长对未归类的多维数据集进行分类,网络结构的自组织能够抽取输入的大量数据中的内在特征,然后形成反映输入数据分布规律的拓扑图,最终对输入模式进行自动聚类。该模型在地理学的分区和分类研究中已经得到广泛的应用,且该方法的特性同乡村地域类型划分研究需求具有良好的匹配性。基于SOFM能对多维数据进行处理的特性,选取乡村经济重构、社会重构、空间重构及三者的变化率等指标,在多维特征基础上进行类型划分,具有良好的匹配性。

基于SOFM模型的乡村重构类型分区的3个具体步骤如下。首先,进行指标选取。乡村经济重构、社会重构、空间重构是乡村重构3个重要的维度,选取乡村经济重构指数、社会重构指数、空间重构指数及乡村经济重构变化率、社会重构变化率、空间重构变化率六维向量作为分类基础。其次,进行SOFM程序编写与运行。将468个标准化后的六维向量导入Matlab,利用其神经网络工具箱提供的SOFM相关函数进行代码编写,主要包括初始化权值、学习和训练、竞争激活等。待程序运行完毕后将结果导入ArcGIS进行可视化表达。最后,进行微调与成图。将运行的结果与贵州省委、省政府依据发展现状和发展特征对贵州各县市的三大方阵4种类型进行比对,并与长期从事区域农业和乡村发展、熟悉贵州省域情况的专家、学者进行商讨,对SOFM聚类结果进行微调,逐步修正贵州乡村重构类型分区图。

### 2）贵州乡村重构地域模式

以贵州乡村重构分区概况当地地域模式。运用SOFM模型,以乡村经济重构、社会重构、空间重构及其三者的变化率相结合(2018年乡村重构分维指数在2000年基础上的增长率),进行贵州乡村重构类型分区(图5.8),经过多次分类调试运行,发现分为五大类时最为适宜。此时,量化误差和拓扑误差达到了较为满意的水平,将其结果与贵州划分的四大类型进行对比,SOFM 聚类结果符合区域实际,且同一类型的县域单元其空间临近性较强。

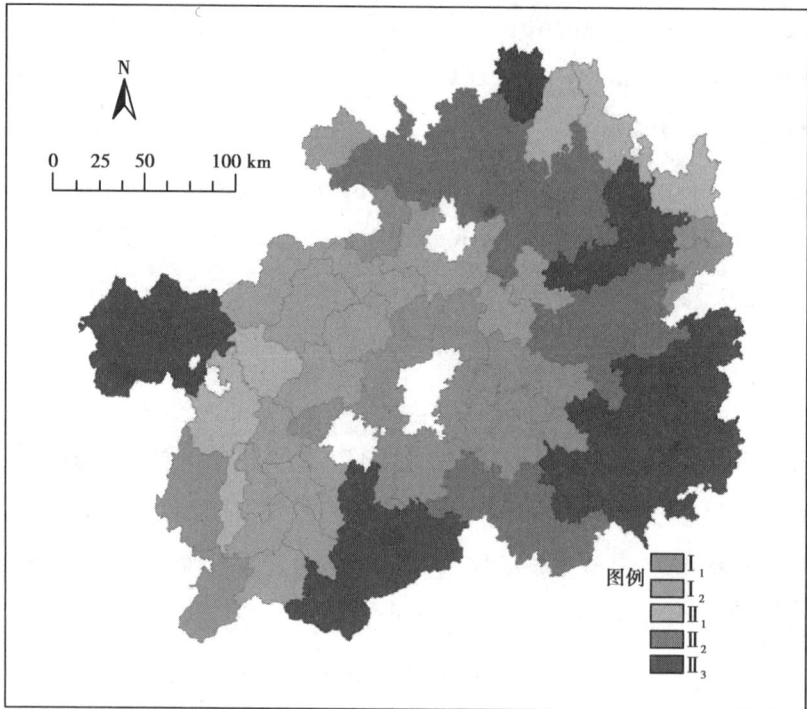

**图 5.8　贵州乡村重构类型分区图**

根据图 5.8 可知,贵州乡村重构存在两个一级类型分区:相对高强度乡村重构类型区为 $I_1$、$I_2$ 区域,乡村重构综合指数均值为 0.448,高于贵州均值 14.5%,相应的乡村经济重构指数、社会重构指数、空间重构指数增速也较快;$II_1$、$II_2$、$II_3$ 区域为低强度乡村重构类型区,乡村重构综合指数均值为 0.324,低于贵州均值 15.4%。一级类型区下分别包括 2～3 个二级类型区。$I_1$ 区多年均值最高(0.496),其中乡村空间重构和乡村社会重构贡献率较高,可称为空间—社会重构主导型高强度乡村重构类型区;$I_2$ 区乡村重构综合指数次高(0.386),乡村经济重构—社会重构—经济重构贡献率相当,可称为经济—社会—空间重构均衡型高强度乡村重构类型区;$II_1$ 区乡村重构综合指数均值为 0.382,接近贵州乡村重构均值,乡村经济重构—社会重构—经济重构贡献率相当,可称为经济—社会—空间重构均衡型低强度乡村重构类型区；Ⅱ₂区乡村综合指数均值为0.331，乡村社会重构、经济重构贡献率较高，可称为社会—经济重构主导型低强度乡村重构类型区；Ⅱ₃区乡村重构综合指数均值最低(0.297)，乡村经济重构和社会重构贡献率较高，可称为经济—社会重构主导型低强度乡村重构类型区。Ⅰ₁区已迈向空间重构主导的发展阶段，Ⅰ₂和Ⅱ₂区进入社会重构主导的发展阶段，Ⅱ₃区进入经济重构主导的发展阶段。

空间—社会重构主导型乡村重构高强度类型区(Ⅰ₁区)正迈入空间重构主导的发展阶段。Ⅰ₁区主要分布在贵阳、安顺、凯里、都匀等黔中城市的城郊，包括铜仁市碧江区、万山区和玉屏县及黔西南州府所在地兴义市，还包括贵州两个全国经济百强县市盘州市和仁怀市，共计21个空间单元。该区区位较好、交通优势明显，具有一定的工业基础和乡村旅游发展条件，二产占比最高，乡村重构作用最强，正迈入空间重构主导的发展阶段。

经济—社会—空间重构均衡型乡村重构高强度类型区(Ⅰ₂区)正迈入社会重构主导的发展阶段。Ⅰ₂区从贵州西北部一直延伸至贵州的西南部，主要包括毕节纳入贵州县市第一方阵的大方、黔西、金沙、织金，以及黔西南、安顺、六盘水交界的县份，共16个空间单元。该区区位、交通以及经济、社会基础后发优势明显。近年来，区位较好的县份发挥毕节作为全国的扶贫试验区的政策优势，彰显了发展潜力和活力。黔西南、安顺、六盘水交界地带，作为贵州最早发展旅游的地区，拥有贵州黄果树等优势旅游资源。该区乡村重构作用较强，正迈入社会重构主导的发展阶段。

经济—社会—空间重构均衡型乡村重构低强度类型区(Ⅱ₁区)正迈入社会重构主导的发展阶段。Ⅱ₁区空间单元相对较少，共6个空间单元，主要分布在贵州东北角和西北角，主要包括铜仁市的松桃、沿河和遵义市的务川，均处于与湖南、重庆的交界地带，以及毕节的纳雍和六盘水的水城和黔西南州的普安。该区的资源、区位没有明显优势，或者乡村人口和农业就业占比较大，乡村重构作用相对较弱，正迈入社会重构主导的发展阶段。

社会—经济重构主导型乡村重构低强度类型区（Ⅱ₂区）正迈入社会重构主导的发展阶段。Ⅱ₂区从贵州北部一直延伸至贵州的东南部，主要包括遵义的大部分县市、铜仁的西部县份、黔东南的北部县份及黔南的南部县份，共17个空间单元。该区区位、交通具有一定优势，旅游资源丰富，经济、社会发展颇具潜力。近年来，旅游资源丰富的县份如荔波、镇远、桐梓、湄潭、习水、施秉，发挥资源优势，发展势头良好。湄潭、凤冈的茶叶产量居全省之首，具有较好的特色农业发展基础。该区乡村重构作用较弱，正迈入社会重构主导的发展阶段。

经济—社会重构主导型乡村重构低强度类型区（Ⅱ₃区）正迈入经济重构主导的发展阶段。Ⅱ₃区主要分布在贵州西北、北部、东南、西南4个角落的乌蒙山、大娄山、武陵山、苗岭及周边、滇桂黔石漠化片区，主要包括黔东南的苗岭周边的大部分县份，毕节的威宁和赫章，铜仁的江口、石阡、印江，以及黔西南的望谟、册亨等，共18个空间单元。该区乡村重构综合指数最低，不超过0.3。该区大部分县份地处深山，社会经济发展相对落后。近年来，旅游资源丰富的江口、石阡、黎平等，旅游产业发展迅速，但对全县的辐射作用有待加强。威宁、赫章等国家重点扶持县份，特色农业发展具备一定基础，但带动作用仍待深入发掘。该区乡村重构作用最弱，正迈入经济重构主导的发展阶段。

# 5.3　本章小结

本章在前述理论基础上主要探讨了贵州乡村重构的主要特征。在"时间变化—空间演变—地域模式"的逻辑线路下，基于面板数据与实证分析，试图揭示西南地区乡村重构的一般规律和贵州特色，对照贵州发展实际与中东部对比进行一定程度的验证，贵州当代乡村重构演变的基本规律，并为后续章节"铺垫"提炼相关重要因素与实践背景。其主要结论如下。

①贵州乡村重构在时间演变方面具有显著的阶段性特征。2000年，贵州乡村综合重构指数为0.071，2018年贵州乡村重构指数增至0.731，时间上呈现持

续的重构态势,经历了由经济重构主导向社会重构主导再向空间重构主导转变的演变阶段,具有"以农业结构变化为主的经济重构—以农村人口流动为主的社会重构—以城乡建设用地变化为主的空间重构"等不同阶段特征,与贵州社会经济发展历程以及国家重要政策颁布的节点基本吻合。贵州乡村人口变化主要表现为乡村人口占比下降和非农就业占比上升,产业的变化主要表现为农业劳动下降和非农产值的上升,乡村土地的变化主要表现为耕地和农村居民点用地的变化。

②贵州乡村重构具有空间非均衡性特征。乡村重构综合指数高值区始终位于地区或州府所在地、城郊,低值区始终位于与邻省交界的山区和石漠化片区,并呈现沿主要交通干线从横轴形到"T"形的高值分布和沿贵州四角的"扇形"的低值分布格局。结果表明,地域中心城市、主要交通干线(特别是高速公路、高速铁路)等人文地理要素分布构筑外源驱动乡村重构的主要作用媒介,而山地型地貌和脆弱性环境(石漠化片区)等自然地理要素则构筑了外源驱动乡村重构深入作用的暂时障碍。贵州乡村重构塑造了与其大致对应的乡村转型时空图谱。乡村经济重构和乡村空间重构表现出与乡村重构大致相同的区位结构和区域格局,2009 年后,空间重构在贵州乡村重构中发挥引领性作用,表明贵州等西部落后地区与其他区域相比,国家政策与支持"具有更加关键性的影响"。

③贵州乡村重构可划分为 5 种相互均衡的地域模式。贵州乡村重构可划分为高强度和低强度两种水平,根据 SOFM 模型得出贵州乡村重构可分为经济—社会—空间重构均衡、经济—社会重构主导、社会—经济重构主导、空间—社会重构主导的 4 种类型及 5 个分区。经济—社会—空间重构均衡模式成为主流模式。

# 第6章　西南地区典型省域乡村转型解析

## 6.1　研究方法

### 6.1.1　指标体系构建

#### 1）乡村转型定量测度

乡村重构是指乡村地域系统要素重组引发的结构巨变,乡村转型是指乡村地域系统结构重塑引发的功能质变。乡村转型是乡村地域功能发生的转折性变化,测度乡村转型即测度乡村地域综合功能的变化。乡村是有别于城市的一种人类住区类型,借鉴相关研究成果,见表6.1,将乡村地域功能界定为生产功能、生活功能、生态功能,文化功能主要纳入生产功能中的非农生产功能和生活功能。据此,乡村转型可以通过生产、生活、生态功能结构的变化来进行测度。

表6.1　乡村地域功能分类表

| 作者 | 观点 | 来源 |
|---|---|---|
| 中共中央、国务院(2018) | 生产功能、生活功能、生态功能、文化功能 | 《乡村振兴战略》 |
| 李平星、陈雯、孙伟(2014) | 生态保育、农业生产、工业发展、社会保障功能 | 《地理学报》(6):797-807 |
| 刘玉、刘彦随、郭丽英(2011) | 经济功能、社会功能、生态功能 | 《人文地理》(6):103-106 |

通过功能价值市场化统一测度基准,选取乡村经济总价值表征生产功能、乡村居民总收入表征生活功能、乡村生态总价值表征生态功能。乡村地域综合功能指数(RCF)由乡村地域生产功能指数(RPF)、生活功能指数(RLF)、生态功能指数(REF)加总得出,乡村生产功能指数(RPF)即为乡村经济总产值,由乡村农业经济产值(RPF1)与乡村非农经济产值(RPF2)相加得出;乡村生活功能指数(RLF)即乡村农民总收入,由乡村涉农收入(RLF1)和乡村非农收入(RLF2)构成;乡村生态功能指数(REF)即乡村生态总价值,由乡村环境保护价值(REF1)和乡村其他生态价值(REF2)构成。其中生产功能指数是对乡村地域能够生产出来的产品的价值进行度量,主要由县域的地区生产总值表征整个生产功能价值,由农业产值表征农业生产功能价值;乡村生活功能指数即乡村地域的人口承载功能,通过一定人口规模的收入水平来表征;生态功能指数即生态功能价值。则有:

$$RCF = RPF + RLF + REF$$
$$RPF = RPF1 + RPF2$$
$$RLF = RLF1 + RLF2 \tag{1}$$
$$REF = REF1 + REF2$$

对谢高地的生态价值当量方法进行修正,计算乡村地域的总价值和环境保护价值。设贵州乡村地域 2000 年经济密度为 $E_0$、人口密度为 $P_0$,其他年份不同单元的经济密度为 $E$、人口密度为 $P$,借鉴谢高地生态价值当量计算方法测算当年实际生态功能指数即为 REF0,通过以下公式修正生态功能指数即为 REF;将生态功能调整系数为 $r$,计算公式如下:

$$r = \frac{\sqrt{P \times E}}{\sqrt{P_0 \times E_0}} \tag{2}$$

当 $r \leqslant 1$ 时,REF = REF0

当 $r > 1$ 时,REF = REF0/$r$

其中,$r$ 代指乡村人类生产活动与生活活动的耦合对地理环境的相对作用强度;当 $r>1$ 时,人类活动对地理环境的作用大于基期情形,实际生态功能指数值小于理论计算值。

### 2）乡村转型判别

贵州乡村地域重构之前,乡村地域的主体功能为农本功能,将农本功能记为 RBF＝RPF1＋RLF1＋REF1,乡村转型度（RTM）界定为乡村地域非农功能与乡村综合功能的比值,计算公式如下:

$$RTM=[1-RBF/RCF]\times100\%=[1-(RPF1+RLF1+REF1)/RCF]\times100\% \quad (3)$$

当 RTM>50％时,贵州乡村地域农本功能成为非主导功能,乡村地域非农功能占据主要地位,判别贵州乡村地域已经发生转型;反过来,农本功能仍为主体功能,贵州乡村地域尚未发生转型。

### 3）乡村转型机制指标体系构建

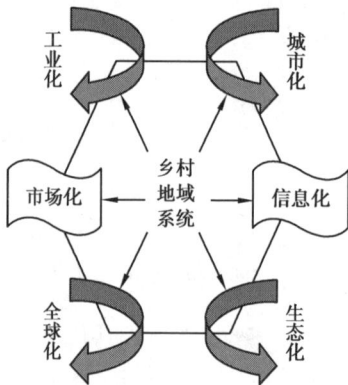

图6.1　乡村重构之外源驱动

由图3.1和图6.1可知,乡村转型的外源驱动主要包括工业化与城镇化、市场化与信息化、全球化与生态化。工业化与城镇化是原始推动力,乡村地域系统外部从乡村获取粮食、土地、生态、劳动力、原材料,乡村从外部获取资本、技术、市场、文化等供给;市场化与信息化是关联推动力,市场化关联乡村外源驱动和内生响应,信息化关联乡村内外联系、改变乡村地域生产生活方式。其中,全球化与生态化为新兴推动力,工业化、城镇化、全球化与乡村空间直接发生要素交流与交互作用,市场化则起到提供制度框架和作用平台的作用。全球化因素因案例地区分县市多年连续数据不可获得而被剔除。外源驱动选取工业化、城镇化、市场化3个方面指标构建综合指标体系,其中,环境变化特征由指标属性进行概括、可能的作用路径由指标内涵进行指向。基于外部环境"存量"及其变化的双重影响的考虑,外源驱动的指标由规模值和变化率两个方面构成。乡村转型外源驱动主要影响因素及具体指标见表6.2。

表6.2　乡村转型的影响因素:指标体系及解释

| 目标层 | 准则层 | 指标层 | 指标释义 |
|---|---|---|---|
| 外源驱动 | 城镇化 | 城镇人口数量($U_1$) | |
| | | 城镇人口增长率($U_2$) | 城镇人口增长率=(当年城镇人口数−上年城镇人口数)/上年城镇人口数 |
| | | 城镇建设用地面积($U_3$) | |
| | | 城镇建设用地增长率($U_4$) | 城镇建设用地增长率=(当年城镇建设用地−上年城镇建设用地)/上年城镇建设用地 |
| | 工业化 | 第二产业增加值($I_1$) | |
| | | 二产增加值增长率($I_2$) | 二产增加值增长率=(当年二产增加值−上年二产增加值)/上年二产增加值 |
| | | 二产从业人员数量($I_3$) | |
| | | 二产从业人员增长率($I_3$) | 二产从业人员增长率=(当年二产从业人员−上年二产从业人员)/上年二产从业人员 |
| | 市场化 | 第三产业增加值($M_1$) | |
| | | 三产增加值增长率($M_2$) | 三产增加值增长率=(当年三产增加值−上年三产增加值)/上年三产增加值 |
| | | 三产从业人员数量($M_3$) | |
| | | 三产从业人员增长率($M_4$) | 三产从业人员增长率=(当年三产从业人员−上年三产从业人员)/上年三产从业人员 |

续表

| 目标层 | 准则层 | 指标层 | 指标释义 |
|---|---|---|---|
| 内生响应 | 经济重构 | 农业产值占比($E_1$) | 农业产值占比=农业总产值/地区总产值 |
| | | 农村投入占比($E_2$) | 农村投入占比=农村固定资产投资/全社会固定资产投资 |
| | | 农业劳动占比($E_3$) | 农业劳动占比=农业从业人员数/全社会从业人员数 |
| | | 农业耕地占比($E_4$) | 农业耕地占比=农业耕地面积/辖区国土总面积 |
| | 社会重构 | 乡村人口占比($S_1$) | 乡村人口占比=乡村总人口/地区总人口 |
| | | 非农就业占比($S_2$) | 非农就业占比=非农就业劳动力/乡村总劳动力 |
| | | 农村居民可支配收入占比($S_3$) | 农村居民可支配收入占比=农村居民可支配收入/城乡居民可支配收入 |
| | 空间重构 | 斑块面积占比($K_1$) | 斑块面积占比=城乡建设用地斑块面积/县域面积 |
| | | 景观连通度($K_2$) | 县域内各斑块之间的连接程度,由Fragstats软件计算得出 |
| | | 景观破碎度($K_3$) | 整个景观被分割的破碎化程度,由Fragstats软件计算得出 |

外源驱动引致乡村地域系统人口、土地、产业部门、生活方式和空间结构等内生响应变化。外部环境变化引致乡村人口、产业和土地变化,乡村地域系统要素作用方式发生变化,最终引发系统结构变化。据此,外源驱动指标选择既能体现外部环境变化,又能表征乡村地域内外系统的作用路径。乡村地域功能变化由经济、社会、空间结构的变化引起并推动,内生响应的指标选择应既能展示内部结构变化特征,又是衔接乡村地域功能变化的主要路径。因此,内生响应选取经济重构、社会重构、空间重构3个方面10项指标体系,在第5章中已经进行详细阐述(表5.1)。

## 6.1.2　多元线性回归

多元线性回归是多元统计分析中的一个重要方法,被广泛应用于社会、经济、技术以及众多自然科学领域的研究中。运用多元回归模型可以识别解释变量对因变量影响程度的动态规律以及变化趋势,还可以验证模型拟合、预测结果的可行性和有效性。一般通过变量选取和模型构建、通过 SPSS 软件计算来达到识别影响因素和作用路径的目的。其公式如下:

$$y = \alpha_0 + \sum_{i=1}^{n} \alpha_i x_i + e \qquad (4)$$

其中,$\alpha_0$ 为常数项,$e$ 为随机误差项,$n$ 为自变量个数,$\alpha_i$ 为偏回归系数。

以乡村综合功能指数和分项(农业生产、涉农收入、环境保护)功能指数为因变量,以外源驱动与乡村重构的综合指数、分维指数、分项指数为自变量的 3 个层次的多重结构分析,结合贵州乡村 2000—2018 年时间序列数据对乡村转型的影响因素进行回归分析,构建多元线性回归模型。首先,以 RPF(乡村综合功能指数)为因变量,外源驱动指数和乡村重构指数为自变量,构建贵州乡村综合功能指数第一重结构分析。其次,以 RPF(乡村综合功能指数)为因变量,以外源驱动的分维指数城镇化指数($U$)、工业化指数($I$)、市场化指数($M$)以及乡村重构分维指数经济重构指数($E$)、社会重构指数($S$)、空间重构指数($K$)为自变量,构建贵州乡村综合功能指数第二重结构分析。最后,分别以乡村分维功能指数即农业生产功能指数(RPF1)、涉农收入功能指数(RLF1)、环境保护功能指数(REF1)为因变量,城镇化的分项指数($U_1$、$U_2$、$U_3$、$U_4$)、工业化的分项指数($I_1$、$I_2$、$I_3$、$I_4$)、市场化分项指数($M_1$、$M_2$、$M_3$、$M_4$)3 个方面的 12 项指标以及经济重构的分项指数($E_1$、$E_2$、$E_3$、$E_4$)、社会重构的分项指数($S_1$、$S_2$、$S_3$)、空间重构的分项指数($K_1$、$K_2$、$K_3$)3 个方面的 10 项指标为自变量,构建贵州乡村分维功能指数第三重结构分析。

# 6.2　结果分析

## 6.2.1　乡村转型时空图谱

### 1）乡村地域功能时间变化

以乡村地域功能变化表征乡村转型特征,2000—2018 年贵州乡村地域生产、生活、生态功能指数的时间演变趋势及相应功能的贡献率的时间变化结果如图6.2、图6.3 所示。

由图6.2、图6.3 可知,贵州乡村地域综合功能持续增强,功能结构变化较显著。2000—2018 年,RCF 从 5.24 上升到 15.34,贵州乡村综合功能显著提升,增长了1.93 倍。如图6.2、图6.3 所示,2009 年以前,生产、生活功能缓慢提升,2009 年后,生产、生活功能进入快速增长时期,RPF 和 RLF 分别由 0.75 和 0.43 上升到 11.33 和 2.59,增长 14.1 倍和 5.02 倍。生态功能虽有所下降,但整个变化过程趋于平缓,下降速度较为均衡,相比较其他地区而言,下降速度较慢。REF 由 4.07 下降至 1.42,减少了 65.1%。与生产功能和生活功能增速相比,特别是生产功能的增速,生态功能减速趋缓,且绝对数值不低,这与处于西南山地,经济相对落后以及生态功能相对强化的地域特征相吻合;主体功能发生显著变化,RPF 和 RLF 占比分别由 14.25% 和 8.15% 提高至 73.88% 和 16.86%,REF 占比则由 77.59% 急剧下降到 9.26%,2000—2008 年,贵州乡村地域以生态功能为主体功能,2009—2018 年以生产功能为主体功能,功能结构变化较大。研究表明,工业化、城镇化的发展不仅提升了贵州乡村地域生产、生活功能,同时也削弱了乡村地域生态功能。2000—2018 年,贵州非农产业占比由 59.6% 上升至 82.4%,城乡建设用地占比由 0.34% 增至 1.22%,城乡建设用地面积的扩大引致土地利用结构发生变化,土地利用结构变化推动了贵州土地生态服务价值平缓下降;生产生活功能的提升并没有破坏贵州生态自净能力,这与贵州作为全国四大国家生态文明试验区之一的发展理念分不开。贵州乡村地域功能演变总体具有山地地区的典型地方性特征,如生态功能下降速度相对平缓。

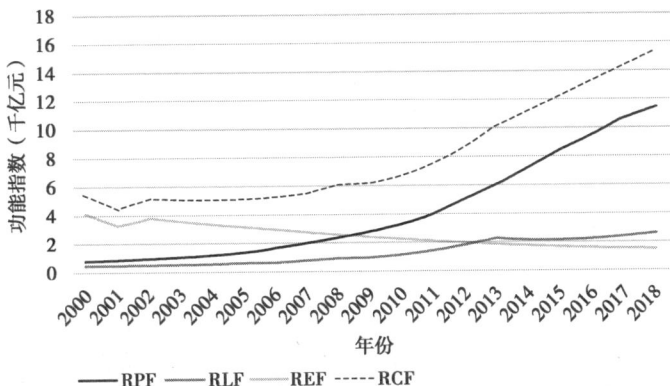

图 6.2　2000—2018 年贵州乡村地域综合功能及"三生"功能变化趋势

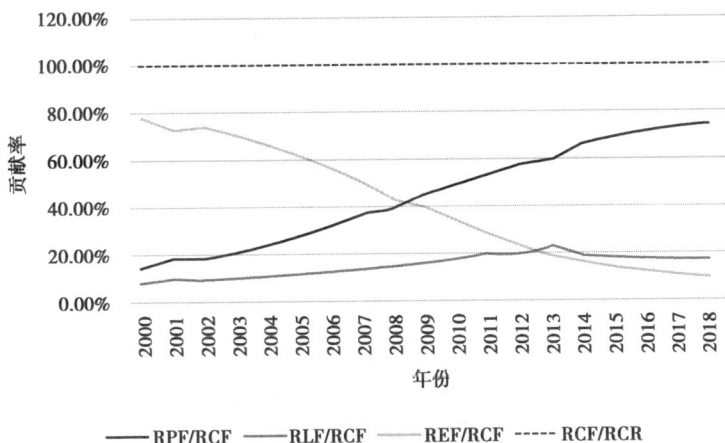

图 6.3　2000—2018 年贵州乡村地域"三生"功能贡献率变化趋势

## 2)乡村地域功能空间变化

为了消除面积影响,根据 5.2.1 和公式(1),计算 2000—2018 年贵州区县单元的分项功能及综合功能的地均价值,结果见图 6.4、图 6.5、图 6.6、图 6.7。

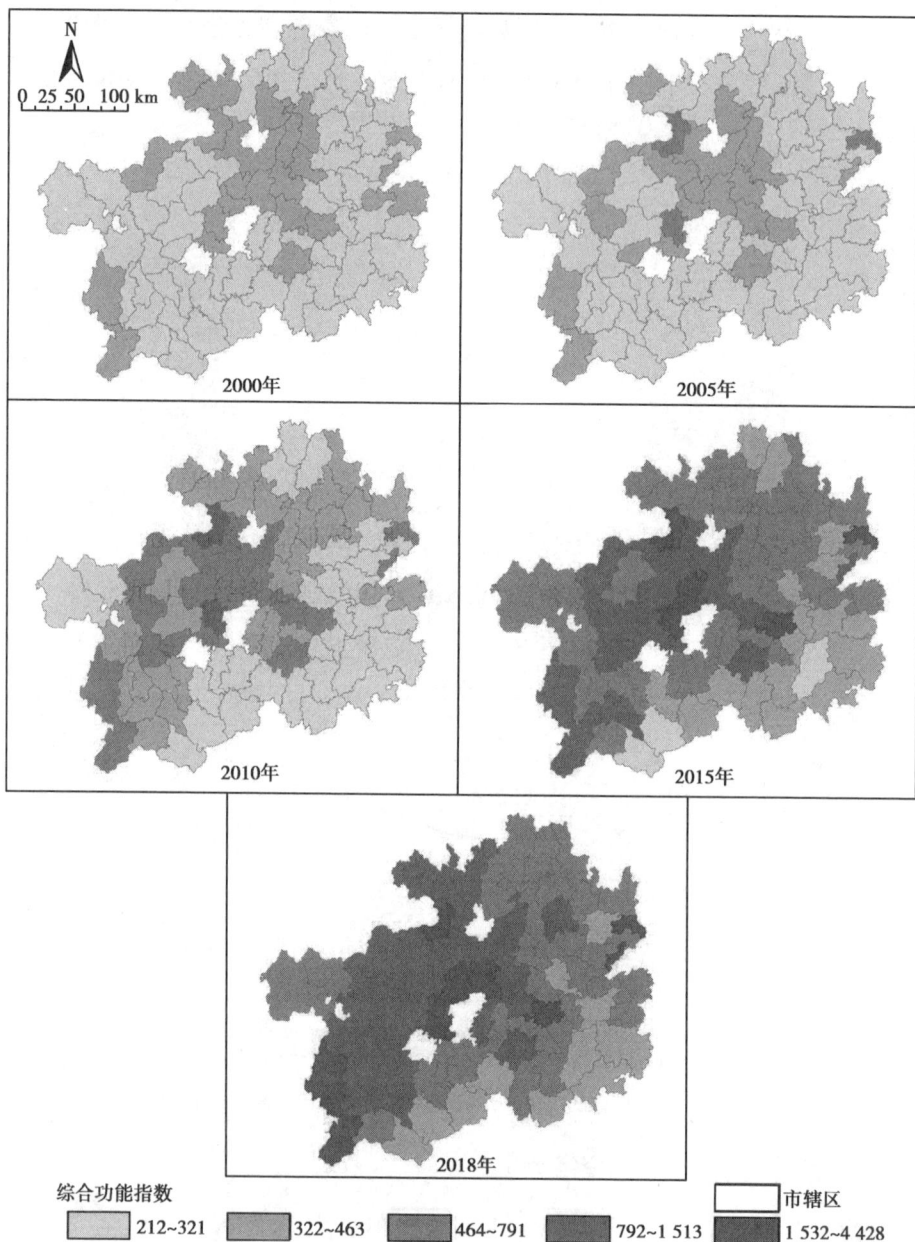

综合功能指数

市辖区

212~321　322~463　464~791　792~1 513　1 532~4 428

图6.4　2000—2018年贵州乡村地域综合功能空间分异

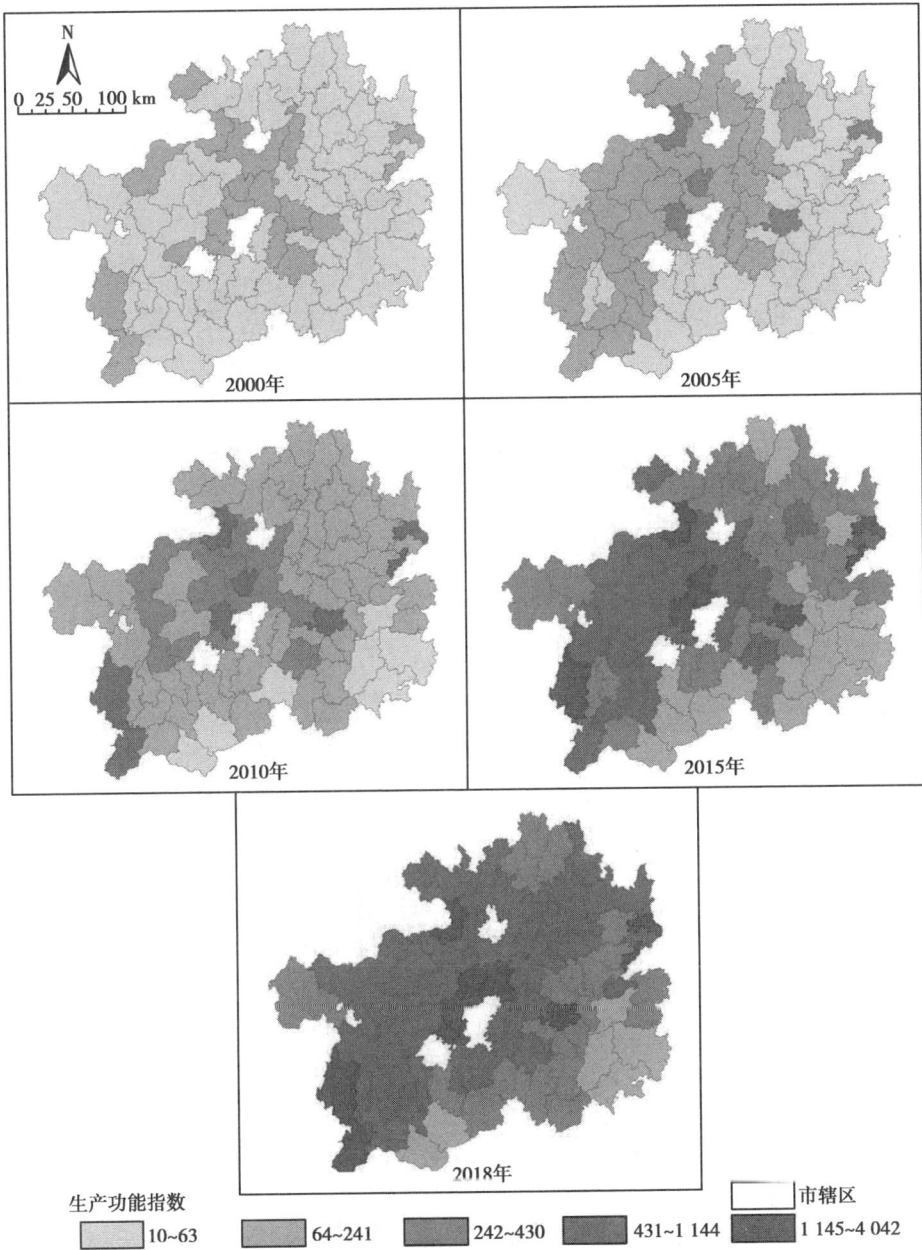

图 6.5　2000—2018 年贵州乡村地域生产功能空间分异

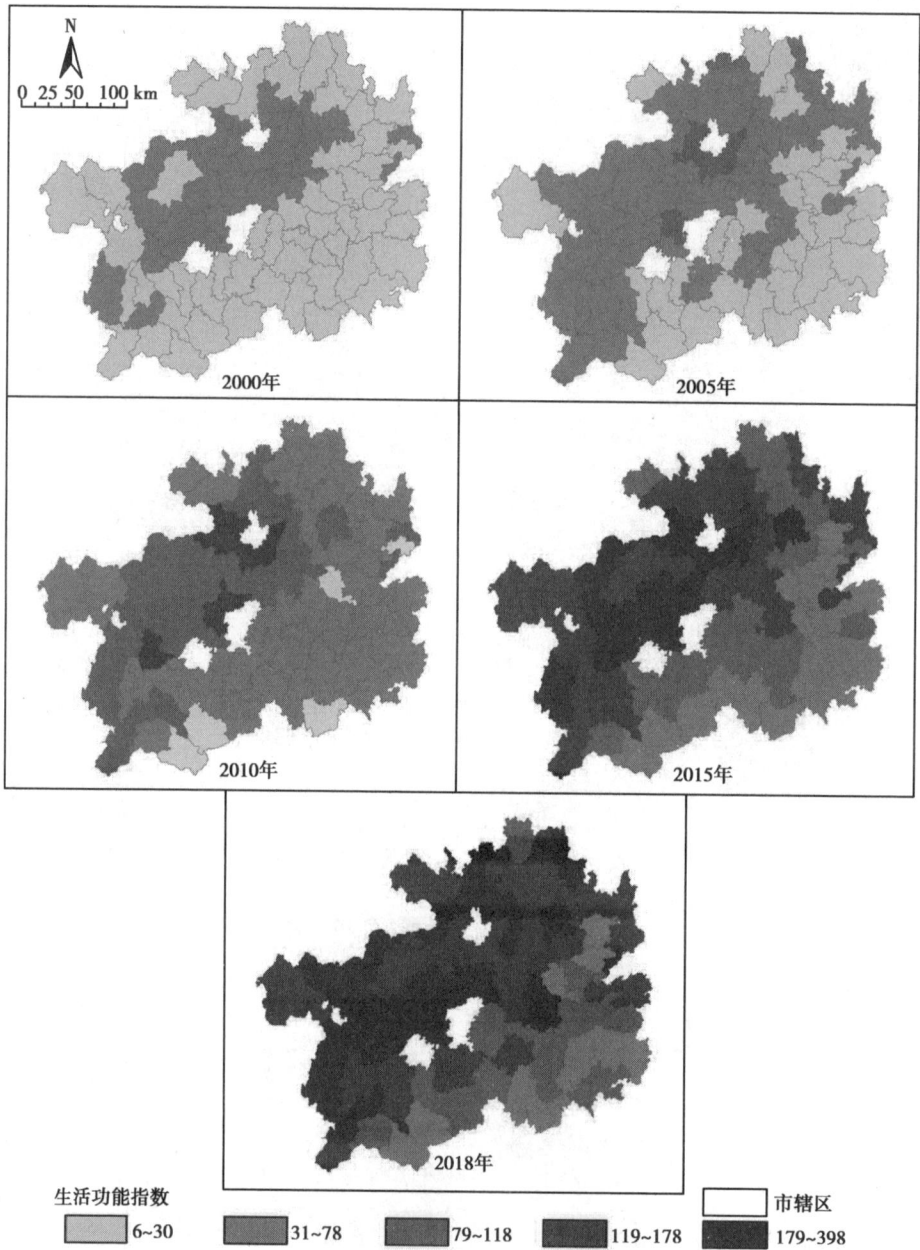

生活功能指数

6~30  31~78  79~118  119~178  179~398  市辖区

图 6.6  2000—2018 年贵州乡村地域生活功能空间分异

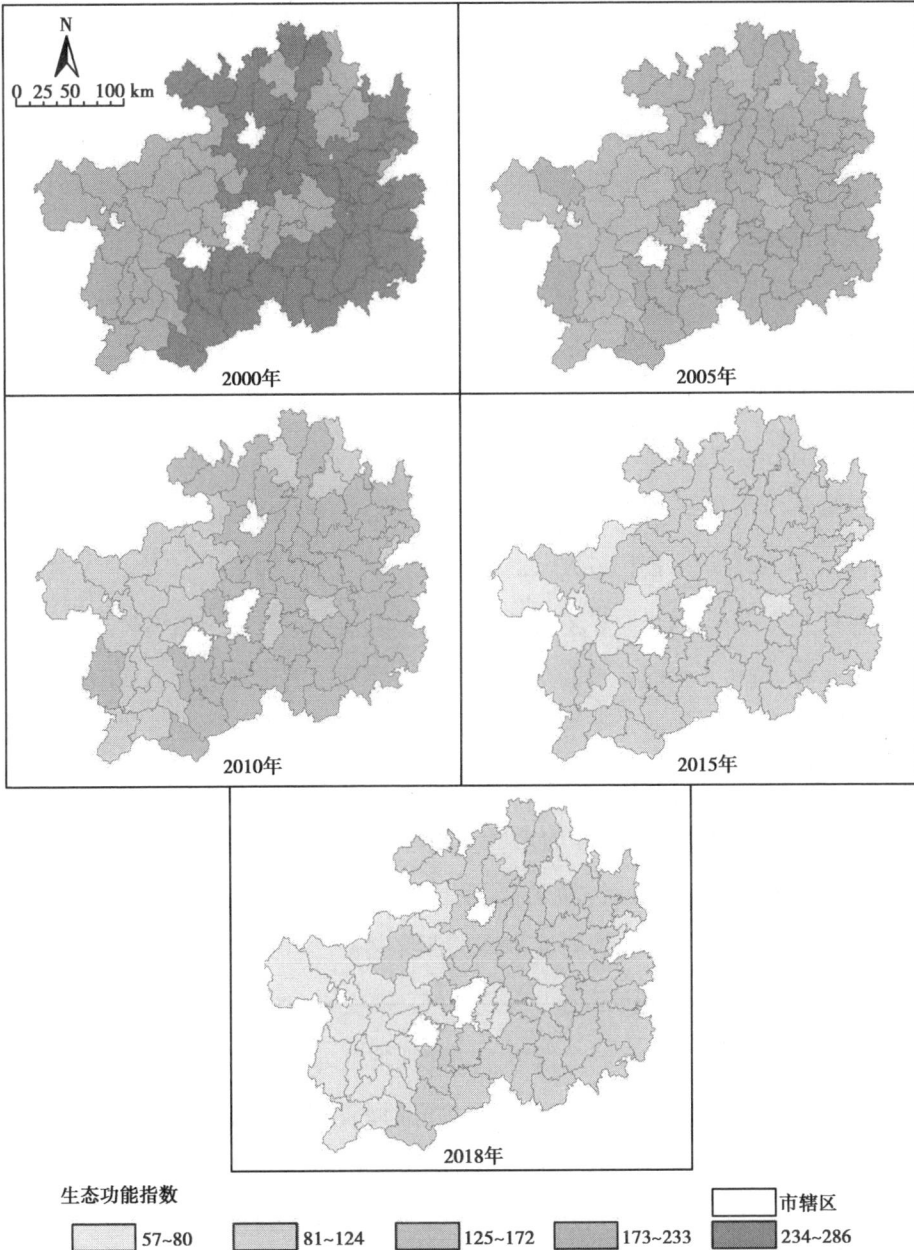

图 6.7　2000—2018 年贵州乡村地域生态功能空间分异

运用自然断点与目视解译法相结合,将乡村地域综合功能地均值划分为高、较高、中等、较低、低5种类别。整体来看,贵州乡村地域综合功能指数以沪昆出省大通道为轴线,轴线以北以高值区为主或者高值区由轴线向西北、东北方向扩散;轴线以南以低值区或相对低值区为主。从时序上来看,2000—2005年,贵州乡村地域综合功能提升缓慢,以低值区和较低值区为主,低值区提升为较低值区仅有3个空间单元,低值区占县域空间单元总数的70%左右。2005—2010年,仁怀市进入较高值区,15个空间单元由低值区提升为较低值区,20个空间单元由较低值区进入中等值区,低值区占空间单元总数38.5%。2010—2015年,是贵州乡村地域功能增速最快的时期,低值区仅剩3个空间单元,较高值区和高值区占空间单元总数的29.5%。2015—2018年,低值区消失,变化最大的区域是中西部地区,中西部从遵义延伸至兴义的大部分区域由中等值区进入较高值区,较高值区占比最大,达30.8%。

由图6.4可知,贵州乡村地域功能在空间上呈现地域非均衡的特点。从区位特征来看,贵州乡村综合功能指数高值区始终位于沪昆出省大通道的中间和两端三个节点上,中间节点主要为省会贵阳周边,两端节点主要为东西两大出省门户,即东部门户铜仁碧江和玉屏和西部门户盘州市和兴义市。低值区主要位于南部与东南部与广西交界的地区。相对高值区从遵义和贵阳两大都市圈向东北和西南扩散;从区域格局来看,贵州乡村地域综合功能指数大致呈现中西部高、南部与东部低的总体特征,典型的核心-边缘结构逐渐向东西分异格局转变,2000—2018年,乡村地域综合功能地均值空间变异系数由0.13提高到0.68。

由图6.5可知,贵州乡村地域生产功能地均值的极值较大,从10到4 042,时空分异显著。将生产功能地均值划分为高、较高、中等、较低与低值区5种类型。整体来看,贵州乡村生产功能地均值的演变趋势与乡村地域综合功能地均值基本一致,形成显著的南北分异格局;乡村地域生产功能地均值增速较快,这与贵州从全国社会经济落后行列到步入全国中等行列的发展历程相一致。从具体阶段来看,2000—2005年,从低值聚集区转向低值区向东南聚集主要包括黔南、黔东南、铜仁等大部分县市,较低值区中西部聚集,主要包括贵阳、遵义、安顺、毕节、黔西南的大部分县市;2005—2010 年,低值区迅速减少,低值区占空间单元总数仅8.9%;13 个空间单元提升中等值区,8 个空间单元提升为较高值区;2010—2015 年,中西部地区除乌蒙山区大部分县市进入较高值区,较高值聚集区主要包括贵阳以北以西的遵义、毕节和安顺黔西南,低值区消失;2015—2018 年,较高值区往东北遵义东部和铜仁扩展,形成显著的南北分异格局,乌蒙山区威宁、大娄山区务川与道真、石漠化片区的望谟和册亨、苗岭山区的黎平—从江—榕江等县域仍保持在较低值区。

由图6.6 可知,将贵州乡村地域生活功能地均值划分为高、较高、中等、较低与低值区5 种类型。整体上来看,贵州乡村生产功能地均值的演变趋势与乡村地域综合功能地均值基本一致,高值区分布向西偏移,且空间单元个数较多,形成乡村地域生活功能地均值高值聚集区;形成了南北分异格局。从具体阶段来看,2000—2005 年,由 2000 年的以乡村生活功能低值区为主转向较低值区在北部聚集,较高值区在南部聚集的空间格局,2000 年低值区占空间单元总数的30.7%,2005 年,低值占比57.7%;2005—2010 年,较低值区迅速覆盖贵州全域,低值区占比极低,4 个空间单元提升为较高值区;2010—2015 年,低值区消失,原有的中等值区提升为较高值区,高值区向西扩展,形成高值聚集区,成为贵州乡村生活功能地均值提升较快的时期,并形成清晰的南北分析格局;2015—2018 年,空间格局变化相对不明显,南部和中南部部分县市从较低值区提升为中等值区。贵州乡村地域生活功能地均值空间演变趋势表明,北部人口转移较南部活跃,与外部信息、技术、资本交流更为频繁,但随着社会经济发展,这种差距正在逐渐缩小。

由图6.7 可知,将贵州乡村地域生态功能地均值划分为高、较高、中等、较低与低值区5 种类型。整体上看,贵州乡村生态功能地均值的演变趋势与乡村地域综合功能地均值呈相反态势,形成显著的东西分异格局。东部高值区聚集区依次向较高值区、中等值区、较低值区演变,西部较高值区聚集区依次向中等值区、较低值区、低值区演变。从具体阶段来看,2000—2010 年贵州乡村地域生态功能地均值下降较快,后期趋缓。随着乡村阶段性发展,较高值的空间格局基本保持不变,仅乡村地域生态功能地均值从较高类型区降至较低类型区,基本维持在相对高值区占空间单元的55%左右。乡村生态功能地均值东西空间分异与贵州的自然地理基础密切相关,喀斯特地貌多分布在西部地区,水土流失相对严重,石漠化分区面积较大,贵州非喀斯特地貌主要分布在东部,乡村生态功能地均值相对较高。

由图6.5、图6.6、图6.7可知,结构异向性是乡村地域功能空间演变的另一特征。乡村生产功能指数的演变趋势、区位结构、区域格局与乡村综合功能指数大致相同,呈现显著的南北分异格局,空间变异系数由0.73提升到0.84;乡村生活功能与乡村地域综合功能地均值呈现一致的演变趋势与区位结构,大致以沪昆省大通道为界,呈现北部高、南部低的空间特征,空间异质性较强。相对高值区的演变方向与沪昆大通道平行,演变趋势相对稳定,空间格局变化不明显,空间变异系数从0.45到0.46再到0.43,呈现波动变化特征;乡村生态功能指数的演变趋势、区位结构和区域格局与乡村综合功能指数基本相反,呈现中东部与南部高、西部低的空间格局,空间异质性相对较弱,相对高值区格局稳定,演化趋势不明显,空间变异系数由0.11提高到0.14。贵州地理环境相对复杂,东部成形于造山运动的早期,喀斯特地貌分布较少,东部乡村生态功能地均值高于西部,大型山脉集中于西南与东北、西北、东南角,在中西部形成交通基础较好和城镇化快速发展的两大都市圈(遵义都市圈、贵阳—贵安—安顺都市圈)的较强的人类活动干扰区,工业化、城镇化、市场化等外源驱动因素通过交通干线和城市辐射作为主要媒介,将非农功能由中西部扩散到周边区域。贵州乡村地域功能演变与域内自然地理环境和人文地理环境存在较为密切的关联。

### 3)贵州乡村转型分类判别

由图6.8、图6.9可知,2008年,贵州乡村转型度达到52.3%,超过50%的阈值,农本功能占比显著下降,非农功能成为主导功能,贵州乡村地域发生转型。2018 年,乡村转型度提升至 74.7%,2000—2018 年,年均提高 2.26 个百分点,非农功能持续增强,乡村地域农本功能占比趋小。贵州乡村地域发生转型时间相对滞后,但乡村转型度急剧提升,乡村要素相互作用关系趋强。

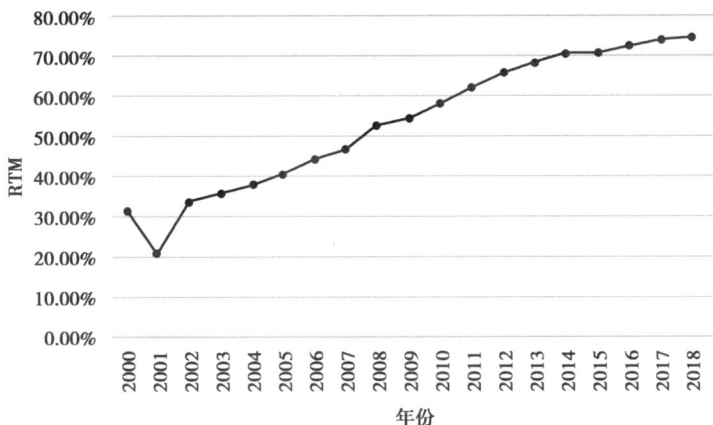

图 6.8 2000—2018 年贵州乡村转型度变化趋势

从时序看,2010 年以前贵州乡村转型度增速相对缓慢,2010 年后持续加速。从时序看,2000 年,贵州乡村地域未发生转型,乡村转型度超过 40% 仅有 4 个空间单位,占比仅 5%,贵州乡村地域农本功能仍为主体功能。2005 年,贵州有 12 个县市的乡村转型度大于 50%,占比为 15.4。2010 年乡村转型度大于 50% 的县市为 44 个,占比 56.4%,2010 年之前乡村转型度相对缓慢。2015 年,尚有望谟和册亨 2 个县的乡村转型度低于 50%。2018 年,贵州县市乡村转型度持续提高,并全部超过 50%,表明非农功能上升为主体功能,农本功能下降为非主导功能,贵州乡村县域空间单元全部发生转型。

从空间看,贵州乡村转型度空间差异显著。由图 6.9 可知,2000 年,转型度相对高值区主要分布在中部与邻近中部的西部地区,随着时间的推移,高值区均是由中西部向西南和东北扩散,这个地带正是贵州四大山系围绕的中间地带,经过多年的发展形成了黔中城市群,表明贵州乡村转型由地貌相对平缓地带向山区扩散;未转型向已转型的点状扩散始终围绕贵州沪昆对外交通干道上南北出口和沪昆与兰海交会的 3 个节点扩散,最终在 2018 年形成了以沪昆和

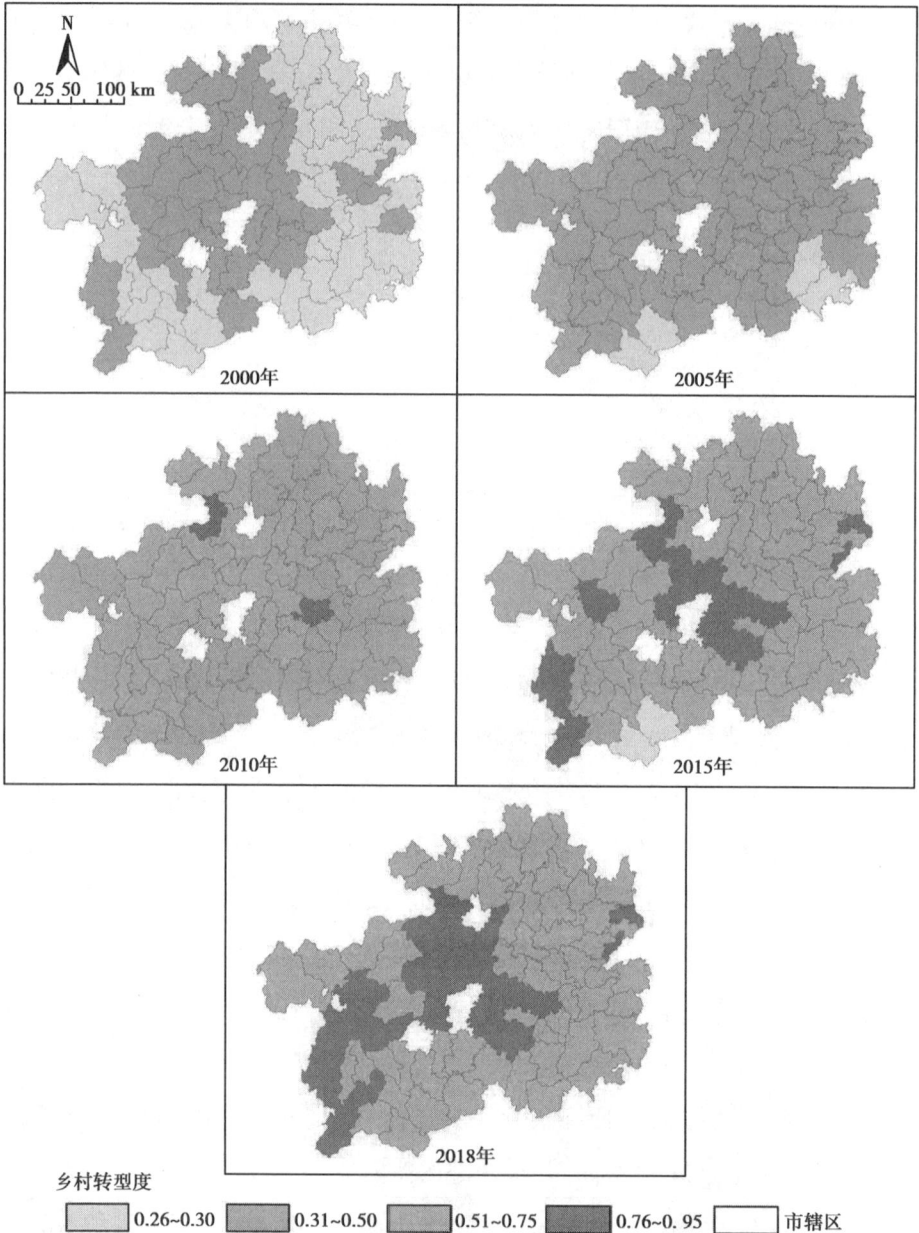

**图 6.9 2000—2018 年贵州乡村转型度空间分异**

兰海交通干道交会点为中心的黔中转型度高值集聚片区和东部门户碧江和万山的点状分布和以西部门户盘州为中心的西部高值集聚区。地貌格局即贵州的生态上的四大屏障山系围合而成的中西部空间,成为乡村转型的先行区,然后再向四周扩散,地貌环境决定了乡村转型的空间方向,重要的交通要道特别是交通干道的交会点成为乡村转型度高值聚集区。据此,贵州乡村转型的空间图谱密切关联域内重大地理要素,山地屏障和交通要道是影响贵州乡村转型时空图谱的重大地理要素。

### 6.2.2　乡村转型驱动机制

以乡村综合功能指数(RCF)为被解释变量(因变量),以外源驱动与内生响应的分维因素为解释变量(自变量),分别为外源驱动城镇化($U$)、工业化($I$)、市场化($M$),内生响应包括社会重构($S$)、经济重构($E$)、空间重构($K$),进行多元线性回归分析,甄别二者的相关性及不同解释变量的相对重要性。具体分为综合、分维、分项三个层次:第一层次以贵州乡村综合功能指数(RCF)为被解释变量,外源驱动综合指数($W$)与内生响应综合指数($N$)为解释变量;第二层次为乡村综合功能指数(RCF)为被解释变量,外源驱动的分维指数即工业化($I$)、城镇化($U$)、市场化($M$),内生响应社会重构($S$)、经济重构($E$)、空间重构($K$)为解释变量;第三层次分别以乡村地域功能的分维因素即农业生产功能(RPF1)、涉农收入功能(RLF1)、环境保护功能(REF1)为被解释变量,外源驱动的分项12个分项指标、内生响应的10个分项指标为解释变量。外源驱动的12个分项指标分别为城镇人口数量($U_1$)、城镇人口增长率($U_2$)、城镇建设用地面积($U_3$)、城镇建设用地增长率($U_4$)、二产增加值($I_1$)、二产增加值增长率($I_2$)、二产从业人员数量($I_3$)、二产从业人员增长率($I_4$)、三产增加值($M_1$)、三产增加值增长率($M_2$)、三产从业人员数量($M_3$)、三产从业人员增长率($M_4$);内生响应的10个分项指标分别为农业产值占比($E_1$)、农业耕地占比($E_2$)、农业劳动占比($E_3$)、农业投入占比($E_4$)、乡村人口占比($S_1$)、非农就业占比($S_2$)、农村收入占比($S_3$)、斑块面积占比($K_1$)、景观连通度($K_2$)、景观破碎度($K_3$)。运用多元线性回归的第一层次和第二层次分析甄别贵州乡村转型的影响因素,通过第三层次的多元线性回归分析,揭示贵州乡村转型的作用机理。

### 1)乡村转型影响因素

以贵州乡村综合功能指数($RCF$)为被解释变量,外源驱动综合指数($W$)与内生响应综合指数($N$)为解释变量,进行第一层次多元线性回归,识别乡村转型的主要驱动因素;以贵州乡村综合功能指数($RCF$)为被解释变量,外源驱动的分维指数即工业化($I$)、城镇化($U$)、市场化($M$),内生响应经济重构($E$)、社会重构($S$)、空间重构($K$)为解释变量,进行第二层次多元线性回归,甄别贵州乡村转型的影响因素及影响程度。分析结果表明:内生响应要素($N$)和外源驱动因素($W$)均通过0.01置信水平的显著性检验,方差膨胀因子($VIF$)均小于5,回归分析中调整后$R$方为0.685,经检验后,相关变量的标准化残差图呈现正态分布,表明模型设定以及相关结果与实践相符合。外源驱动要素标准化回归系数显著大于内生响应要素,外源驱动要素的标准化回归系数为0.786,内生响应标准化回归系数为-0.117,研究表明外源驱动相对于内生响应成为主控要素。外源驱动与内生响应各分维指标的标准化回归系数排序为:$I(0.544)>U(-0.352)>E(0.136)>M(0.107)>S(-0.049)>K(-0.025)$,结果表明工业化、城镇化和经济重构是乡村地域综合功能变化的主要影响因素(表6.3)。

外源驱动是贵州乡村转型主要驱动因素。总体上,贵州与全国保持一致,外源驱动是贵州乡村转型的重要影响因素,进一步证明了改革开放以来,中国工业化发展和城镇化扩张也推动了边缘化的乡村地域的诞生;在市场需求的驱动下,乡村地域系统要素相互作用方式的变化即结构变化主要受制于乡村地域系统外的要素变化即外源驱动引致乡村地域系统内部人口、产业、土地等要素发生响应性变化。具体来讲,由于区位和自然环境基础和社会经济发展基础不一样,外源驱动相对于内生响应的影响程度也不同并表现一定的时间滞后性。相比较其他地区的内生响应,外源驱动对贵州乡村转型的作用强度更大,外源驱动的作用强度是内生响应的 6.8 倍左右,相比较中东部地区而言,贵州乡村转型更依赖于外源驱动,外源驱动与内生响应的影响作用力的差距更大。喀斯特地貌带来的土壤贫瘠以及石漠化、2015 年县县通高速和 2016 年高铁开通之前的落后的区位交通以及 2012 年之前落后的社会经济发展,导致外源驱动引发的人口、产业、土地等内生响应性变化与国内其他省份相比,在时间上相对滞后。2005 年仅有 12 个县市发生转型,2015 年处于滇贵黔石漠化的册亨县和望谟县还未发生转型。外源驱动引起的内生响应的程度受山地屏障、交通格局、发展基础影响,其影响的扩散程度和作用力程度均不同。

表 6.3　贵州乡村地域综合功能变化影响因素分析

| 被解释变量 | 解释变量 | 未标准化系数 | | 标准化系数 | $t$ |
|---|---|---|---|---|---|
| | | $B$ | 标准误差 | | |
| RCF | (常量) | −0.133 | 0.006 | | −21.422 |
| | $W$ | 1.513 | 0.029 | 0.786 | 51.421*** |
| | $N$ | 1.574 | 0.021 | −0.117 | 7.627*** |
| RCF | (常量) | −0.077 | 0.009 | | −8.676 |
| | $I$ | 3.392 | 0.113 | 0.544 | 30.083*** |
| | $U$ | 2.609 | 0.171 | 0.352 | 15.281** |
| | $M$ | 0.358 | 0.064 | 0.107 | 5.624*** |
| | $E$ | 0.767 | 0.099 | 0.136 | 7.777*** |
| | $S$ | −0.185 | 0.092 | −0.049 | −2.02** |
| | $K$ | −0.054 | 0.033 | −0.025 | 1.636** |

注:*、**、***分别代表 0.1、0.05 和 0.01 的显著性水平。

B 是代表回归系数,表示自变量与因变量之间的关系强度和方向。$t$ 指的是 $t$ 统计量,用于检验回归系数是否显著不为 0。

工业化、城镇化、经济重构是贵州乡村转型的主要影响因素。工业化是贵州乡村转型最初始、最重要的驱动力(工业化标准系数高达 0.544)。一方面,通过工业化发展,贵州的非农产值大大提升,降低农业产值占比,研究期内贵州农业产值占比降低了24%以上,是贵州农本功能弱化最强的驱动因素。另一方面,工业化提升了全国的二产产值占比,提升了贵州的农业机械化水平(贵州单位面积农业机械动力由0.3升至1.5),释放大量的农村劳动力,通过降低农业劳动占比(农业劳动占比由76%降低到46%),间接降低了农业产值占比。此外,全国二产产值占比的提升,提供了大量就业岗位,将作为农民工输出大省的贵州大量剩余农村劳动力吸引至中东部的城市,增加了农民的非农收入占比(非农就业占比由29.8%提至67.6%),在工业化的综合作用下,大大提升贵州乡村地域的非农功能,加速贵州乡村转型。一方面,城镇化通过降低乡村人口占比(贵州乡村人口占比由89.9%降低至64.7%),大大降低乡村的涉农收入,从而显著降低乡村农本功能。城镇化使贵州从一个乡村人口占绝对优势的传统乡村逐渐向多元化、多功能乡村转型。另一方面,全国四十多年的城镇的高速发展与大规模扩张,促进了生活在城镇的广大市民对乡村田园的向往,作为全国发展最慢的省份,其独有山地和民族特色,成为全国的后花园和"隐世"之地,贵州的乡村地域成为全国的消费性乡村,为全国广大市民提供其多功能服务价值,第三产业发展的优势凸显,贵州旅游接待量和旅游收入迅速增长,进入全国前列,贵州的部分村寨也像东部工业化后的村庄一样,出现了"超级村寨"。在工业化、城镇化的外源驱动下,对于城镇化水平处于全国后列以及作为国家生态文明试验区的贵州而言,经济重构成为主要的影响因素与其重大地理要素息息相关。外源驱动引发的贵州经济重构中的农业产值占比、单位面积农业机械动力、农业劳动占比的变化幅度较大,相比较乡村人口占比在全国居于前列以及农民收入占比处于全国最后方阵的贵州,变化幅度相对较小;贵州作为长江流域和珠江流域的交汇地带,以生态保护为主体功能,虽然其城乡建设用地斑块占比变化幅度较大,但基数较小,耕地面积变化幅度亦很小。据此,经济重构相比较社会重构与空间重构,成为主要影响因素,与贵州整体发展和乡村地域系统特征相符合。

### 2）乡村转型作用机理

根据前文所述,乡村转型是乡村地域农本功能的弱化和非农功能的强化,农本功能主要包括农业生产功能(RPF1)、涉农收入功能(RLF1)、环境保护功能(REF1),以三者为被解释变量,以外源驱动 12 个分项指标以及内生响应的 10 个分项指标为解释变量,分别进行第三层次的多元线性回归分析。外源驱动与内生响应主要包括工业化、城镇化、市场化,后者包括经济重构、社会重构和空间重构共 22 个分项指标,分别对农本功能中的农业生产功能、涉农收入功能、环境保护功能产生不同影响。通过第三层次的多元线性回归可以揭示外源驱动与内生响应分项因素对农本功能的作用路径。

(1)外源驱动作用乡村转型的内在机理

根据表 6.4,外源驱动因素中标准化回归系数较高的有 11 项,分别为工业化($I_1$、$I_3$)、城镇化($U_1$、$U_3$、$U_4$)和市场化($M_1$、$M_3$、$M_4$)等,相关变量分别作用于贵州乡村农业生产功能、涉农收入功能、环境保护功能,作用力度和作用大小不同,分别对乡村地域功能转型产生不同程度的影响。

城镇化中的城镇人口规模($U_1$)和城镇建设用地($U_3$)及城镇建设用地变化($U_4$)是贵州乡村转型的主要影响因素。在既定的条件下,较大的 $U_1$ 表明县市农业劳动力较少,表征农业劳动生产率的提高,对农业生产功能(RPF1)起正向作用。城镇人口越多意味着对县市自然环境的消耗越高,产生的污染越多,对乡村环保功能(REF1)起负向作用(标准化回归系数较小)。较大的 $U_3$ 意味着较高城镇化化率和较好的发展环境,通过改善县市区位交通等发展环境,正向作用于农业生产功能,较好的发展环境能够吸纳更多农村劳动力,提高农民收入,从而正向作用于涉农收入功能。但较快的城镇建设用地增长,说明快速的城镇化由工业化带动,非农产值提高,非农收入提高,一定程度上负向作用于农业生产功能和涉农收入功能。

表6.4 外源驱动与内生响应对贵州乡村农业生产功能作用路径分析

| 被解释变量 | 解释变量 | 未标准化系数 | | 标准化系数 | $t$ |
|---|---|---|---|---|---|
| | | $B$ | 标准误差 | | |
| RPF1 | （常量） | 0.92 | 0.01 | | 92.508 |
| | $U_1$ | −0.279 | 0.021 | −0.35 | −13.095*** |
| | $M_3$ | −0.26 | 0.013 | −0.336 | −20.424*** |
| | $M_1$ | −0.625 | 0.025 | −0.651 | −25.481*** |
| | $U_3$ | 0.279 | 0.014 | 0.305 | 20.29*** |
| | $I_1$ | 0.23 | 0.025 | 0.163 | 9.167*** |
| | $S_3$ | 0.135 | 0.011 | 0.173 | 12.226*** |
| | $E_1$ | 0.06 | 0.008 | 0.103 | 7.866*** |
| | $U_4$ | −0.078 | 0.014 | −0.06 | −5.732*** |
| | $E_2$ | −0.035 | 0.007 | −0.065 | −5.36*** |
| | $M_4$ | 0.076 | 0.017 | 0.045 | 4.398*** |
| | $S_1$ | 0.026 | 0.013 | 0.042 | 1.97*** |

注：B 是代表回归系数，表示自变量与因变量之间的关系强度和方向。$t$ 指的是 $t$ 统计量，用于检验回归系数是否显著不为0。

工业化中的二产增加值（$I_1$）与工业从业人员（$I_3$）是贵州乡村转型的主要影响因素。$I_1$ 越大意味着工业化水平越高，贵州各个县市较高的非农产值占比和较低的农业就业占比，工业化水平越高吸纳的农业劳动力越多，带来较高的农业劳动生产率和对农业发展的市场需求。发展到一定阶段，工业可以反哺农业，从而对农业生产功能（RPF1）起较大的正向作用。较大的 $I_3$（工业从业人员）则意味着在县内和县外的非农就业占比较高，一方面，通过参与县内的非农生产，提高非农收入，直接作用于涉农收入功能（RLF1），另一方面，通过农村劳动力的县外转移，进城务工从事非农生产，加速了乡村的城镇化水平，提高了农民收入结构中的非农收入即工资性收入，间接作用于涉农收入功能。

市场化中的三产增加值($M_1$)、三产从业人员($M_3$)及其三产从业人员增长率($M_4$)是贵州乡村转型的主要影响因素。市场化为其他外源驱动要素提供作用的制度平台和技术路径,外源驱动整体作用起放大或缩小的功能。较高的市场化水平 $M_1$ 表明第三产业占比较高,非农功能上升,对乡村农业生产功能(RPF1)起负向作用,同时吸纳农村劳动力,增加农民的非农收入,涉农收入功能(RLF1)起负向作用。较多的三产人员及较高的三产从业人员增长率意味着较高的农业生产率和较高非农收入,均正向作用于农业生产功能和涉农收入功能。较高的三产从业人员,表明较合理的产业结构,相对于工业和农业,对环境的污染相对较少,对乡村环境保护功能起正向作用。

(2)内生响应要素作用乡村转型的内在机理

由表6.4可知,内生响应要素对贵州乡村转型产生不同影响。经济重构作用于乡村转型具有显著的结构性差异。经济重构通过农业产值占比作用于农本功能,有着全方位的影响,对农业生产功能、涉农收入功能、环境保护功能起正向作用。较高的农业耕地占比,意味着较高的农业生产产值,正向作用于农业生产功能,较大的农业耕地占比,负向作用于涉农收入功能,较高的 $E_2$,意味着在贵州需要更多的农业劳动力,在贵州,农业生产率低于非农生产率,意味着更低的农民收入。较大的 $E_3$(农业劳动占比)表明农村劳动力转移较少,农业劳动生产率相应较低,对环境保护功能(REF1)起负向作用。较高的农业投入,意味着较高农业机械化率和较高的水利建设,一定程度上对环境保护功能发挥正向作用。

社会重构中的乡村人口占比($S_1$)、非农就业占比($S_2$)、农民收入占比($S_3$)是作用于贵州乡村转型的主要影响因素。较大数值的 $S_1$ 表明较多乡村人口,也意味着较多的农村劳动力,对于农业产值的提升有较大帮助,一定程度作用于农业生产功能。较多的乡村人口意味着较高的农业经营收入,显著作用于涉农收入功能。较大的 $S_2$,一方面意味着县内非农就业即发展工业或第三产业直接作用于环境保护功能;另一方面,意味着农业劳动力转移较多,务工带回的高非农收入通过改变居住环境从而间接作用于环境保护功能。较大的 $S_3$ 能够直接贡献于涉农收入功能（RLF1），在贵州工业整体占比较低的情况下，也能显著贡献于农业生产功能，但却意味着相对较低的整体收入水平，从而负向作用于环境保护功能（REF1）。

空间重构中的景观连通度（$K_2$）与景观破碎度（$K_3$）是作用乡村转型的主要因素。较大的 $K_2$ 意味着斑块之间的信息流、物流的增加，意味着乡村地域人类活动作用的加强，负向作用于乡村环境保护功能，较大的 $K_3$ 意味着人类活动干扰加强，土地更加破碎化，地域异质性加强，负向作用于乡村环保功能（REF1）。见表6.5、表6.6。

表6.5　外源驱动与内生响应对贵州乡村涉农收入功能作用路径分析

| 被解释变量 | 解释变量 | 未标准化系数 | | 标准化系数 | $t$ |
|---|---|---|---|---|---|
| | | $B$ | 标准误差 | | |
| | （常量） | 0.380 404 | 0.006 158 | | 61.770 |
| | $M_3$ | −0.259 23 | 0.010 629 | −0.634 54 | −24.389*** |
| | $M_1$ | −0.227 29 | 0.012 486 | −0.448 15 | −18.203*** |
| | $E_3$ | 0.117 249 | 0.006 263 | 0.364 353 | 18.721*** |
| | $S_3$ | 0.104 549 | 0.006 973 | 0.252 888 | 14.994*** |
| | $U_3$ | 0.088 495 | 0.008 947 | 0.183 218 | 9.891*** |
| RLF1 | $E_1$ | −0.057 48 | 0.004 668 | −0.187 91 | −12.315*** |
| | $S_1$ | 0.087 061 | 0.009 692 | 0.262 439 | 8.983*** |
| | $E_2$ | −0.031 7 | 0.004 4 | −0.110 15 | −7.204*** |
| | $M_4$ | 0.025 069 | 0.012 595 | 0.027 748 | 1.990*** |
| | $U_4$ | 0.033 57 | 0.008 536 | 0.048 97 | −3.933*** |
| | $I_3$ | 0.011 028 | 0.005 008 | 0.036 88 | 2.202*** |
| | $K_1$ | −0.019 51 | 0.009 556 | −0.039 46 | −2.042** |

注：B 是代表回归系数，表示自变量与因变量之间的关系强度和方向。$t$ 指的是 $t$ 统计量，用于检验回归系数是否显著不为0。

表 6.6 外源驱动与内生响应对贵州乡村环境保护功能作用路径分析

| 被解释变量 | 解释变量 | 未标准化系数 | | 标准化系数 | $t$ |
|---|---|---|---|---|---|
| | | $B$ | 标准误差 | | |
| REF1 | （常量） | 0.379 526 | 0.004 845 | | 78.327 |
| | $S_2$ | −0.252 12 | 0.010 415 | −0.617 15 | −24.208*** |
| | $K_2$ | −0.243 14 | 0.011 561 | −0.479 39 | −21.032*** |
| | $M_3$ | 0.111 292 | 0.006 23 | 0.345 84 | 17.864*** |
| | $K_3$ | −0.096 481 | 0.006 845 | −0.233 373 | 14.096*** |
| | $E_1$ | 0.081 175 | 0.008 19 | 0.168 064 | 9.911*** |
| | $E_3$ | −0.062 18 | 0.004 602 | −0.203 26 | −13.511*** |
| | $E_4$ | 0.075 985 | 0.009 338 | 0.229 052 | 8.137*** |
| | $U_1$ | −0.027 53 | 0.004 104 | −0.095 68 | −6.709*** |
| | $S_3$ | −0.066 24 | 0.014 92 | −0.157 06 | −4.439*** |

注：B 是代表回归系数，表示自变量与因变量之间的关系强度和方向。$t$ 指的是 $t$ 统计量，用于检验回归系数是否显著不为 0。

综上所述，贵州是国家生态文明试验区，外源驱动与内生响应对环境保护功能有不一样的作用路径和不同强度的作用力，相对于中东部而言，贵州的环境保护功能转化相对较弱。由于独特的自然地理环境和人文地理环境，社会经济发展相对落后，工业化和城镇化的外源驱动作用更加显著，主要引发了以经济重构为主的内生响应，以经济重构为内生响应的主控因素作用于贵州乡村地域的农本功能。作用强度具有明显的阶段性特征，2000—2008 年，外源驱动与内生响应作用在局部地区相对较高，在其他大面积区域作用较弱，贵州县域发生乡村转型的空间单元较少；贵州全面融入全国社会经济发展后的 2009 年至今，外源驱动与内生响应驱动作用趋强，并迅速引发贵州乡村地域全面转型。由于贵州农业基础相对薄弱和社会经济发展相对缓慢，现阶段全球化作用贵州乡村发展相对不明显，剔除全球化因素不会对分析结果产生显著影响（图 6.10）。

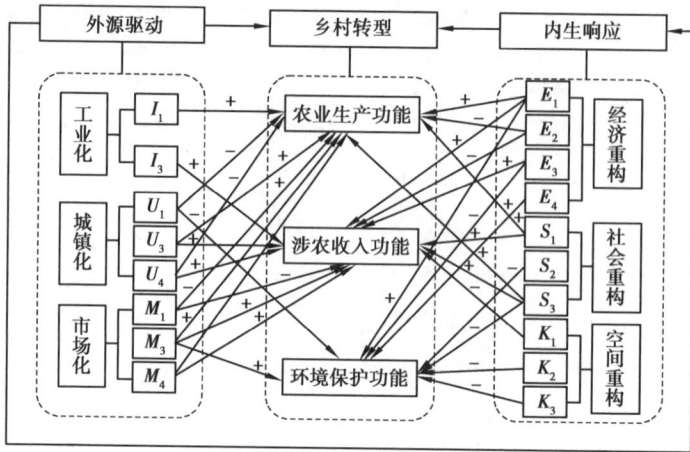

图 6.10 贵州乡村转型作用机理

## 6.2.3 乡村转型地理效应

以城乡地域功能比较审视乡村转型总体效应。分别以非农产值与城镇居民收入表示城市生产、生活功能;根据谢高地生态价值计算方法,环境保护价值和总生态价值主要由耕地、林地、草地、水域等类型用地计算得到,而城市内大部分为城镇建设用地,耕地等转化为城镇建设用地,贵州乡村生态功能呈下降趋势与波动变化,但总体上乡村生态功能大于城市生态功能,变化率不作比较。2000—2018 年,贵州城市生产功能年均增速 32%,比乡村生产功能年均增速 24% 高;城市生活功能由 0.46 上升到 5.4,年均增长 56% 以上,比乡村生活功能年均增长 30% 高出许多。城市生产功能变化率与乡村生产功能变化率的差以及城市生活功能变化率与乡村生活功能变化率差始终大于零,城市生产、生活功能增强始终快于乡村。结果表明,相对于城市地域功能迅速提升的变化,贵州乡村生产功能与生活功能趋于退化,如图 6.11 所示。

乡村转型主体效应是农本功能的退化。根据图 6.12,总体来看,大约以 2009 年为界,2000—2008 年贵州农本功能先缓慢下降,2009 年后一直缓慢上升。2000—2018 年贵州农本功能从 3.6 增长到 3.9,但农本功能占比从 68.6%

下降到 25.4%,年均下降 1.34 个百分点,表明主体地位呈现快速下降趋势。分项来看,贵州乡村农业生产功能和涉农收入功能持续上升,乡村生态环境保护价值持续下降。2000—2018 年,农业生产功能 RPF1 从 0.3 上升到 2,RPF1/RBF 的贡献率从 8.5% 上升至 51%,REF1 从 3 下降到 1,REF1/RBF 的贡献率从 83% 下降到 27%,RLF1 从 0.3 上升至 0.8、RLF1/RBF 的贡献率从 8.4% 上升至 21%。比较发现,RLF1 并非贵州乡村农本功能变化的主要原因,RPF1 和 REF1 对贵州乡村农本功能变化起着关键性作用。

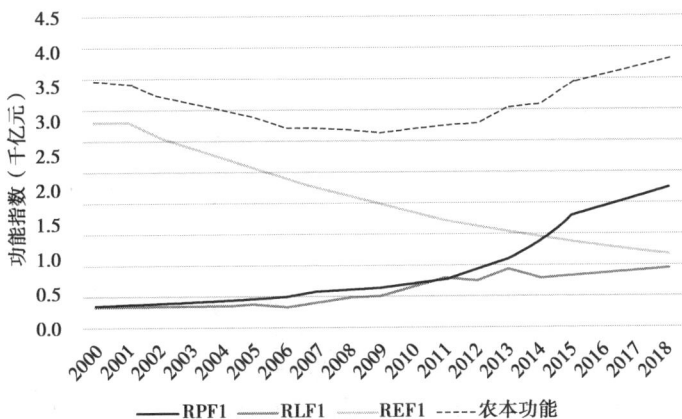

图 6.11　2000—2018 年贵州乡村地域农本功能与分项功能变化趋势

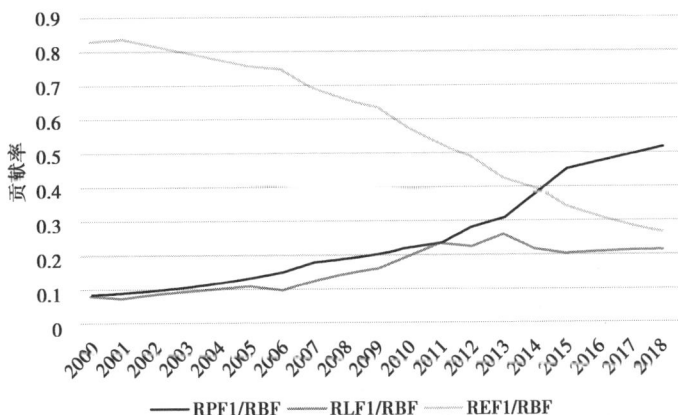

图 6.12　2000—2018 年贵州乡村地域分项功能对农本功能贡献率变化趋势

# 6.3 本章小结

本章主要讨论贵州乡村转型的驱动机制,其基本逻辑主线是"转型图谱—转型机制—转型效应"。其中,乡村转型度的时空格局以及乡村转型的影响因素和作用路径是本章内容的重点,是对前述章节有关理论探讨的呼应,也是后续章节乡村振兴的重要基础。涉及的主要研究方法包括指标体系构建和多元线性回归。主要结论如下。

①贵州乡村转型在时间上呈现非同步性、在空间上呈现地域非均衡性。乡村转型的实质是贵州乡村地域非农功能上升至主体功能、农本功能居于次要地位。从时间序列来看,2000 年,贵州乡村地域未发生转型,2005 年,有 12 个县市乡村转型度大于 50%,已经转型县市占空间单元总数的 15.4%,乡村地域农本功能仍为主体功能;贵州于 2018 年才完成乡村地域全部转型。由于东中西部外源驱动水平及其内生响应能力的不同,乡村转型的时间节点也有差异,东部地区乡村转型先于中部地区,中部地区先于西部地区,贵州乡村转型时间相对较晚。从空间分异来看,贵州乡村转型的空间图谱与重大地理要素存在密切关联,贵州四大屏障山系围合而成的中西部成为乡村转型度的高值区,为黔中城市群所在区域,也是贵州两大交通干道的交会点;四大屏障山系所在县市及石漠化片区成为乡村转型度低值区。

②外源驱动对贵州乡村转型起主控作用。外源驱动对贵州乡村地域功能变化的解释水平是 78.6%。其中,工业化和城镇化、经济重构分居影响因素的前三位。工业化主要通过工业产值正向作用于农业生产功能,通过工业产值增长率正向作用于涉农收入功能。城镇化主要通过城镇人口、城镇建设用地、城镇建设用地增长率负向作用于农业生产功能,通过城镇建设用地及城镇建设用地增长率正向作用于涉农收入功能,通过城镇人口负向作用于环境保护功能。此外,内生响应也对贵州乡村转型发挥积极作用,贵州乡村经济重构通过各要

素对农业生产功能、涉农收入功能、环境保护功能产生正向或负向作用。

　　③贵州乡村转型具有总体效应和主体效应。以城乡地域功能比较审视乡村转型总体效应。城市生产功能变化率与乡村生产功能变化率的差以及城市生活功能变化率与乡村生活功能变化率差始终大于零,城市生产和生活功能增强始终快于乡村。贵州乡村转型的总体效应表现为相对于城市地域功能变化,贵州乡村生产功能趋于退化、生活功能加速退化。以乡村农本功能变化评估乡村转型主体效应。贵州农本功能先缓慢下降后缓慢上升,但主体地位快速下降。乡村地域农本功能变化是现阶段中国乡村转型的主要效应。

# 第7章　西南地区典型民族村寨个案研究

　　村域是城乡系统中重要一环,是乡村社会经济的重要载体。乡村地域系统是城乡融合系统中的重要组成部分,在城乡融合背景下,乡村地域系统以县域、乡镇、村域为主要尺度。村域是乡村社会经济的重要载体,承载着乡村生产和农民日常生活,其发展状况直接影响农民收入增长,决定村级组织运转效率以及村民生活品质。村域是乡村地域系统的"细胞",村域的稳定和发展关系到城乡大系统和乡村地域系统的稳定和发展,村域也是乡村重构、转型、振兴的主战场,村域的重构与转型事关"农业强、农村美、农民富"的大局。多尺度是地理学揭示普遍性规律的重要手段,本书基于"省域、县域、村域"尺度保障研究的层层深入,多尺度的运用可以使宏观与微观相结合,更好地揭示乡村重构与转型的本质与规律,弥补宏观层面未能深入探讨的不足,增加贵州典型民族村寨的个案研究,能够进一步体现贵州山地与民族相结合的地理基础条件约束下的典型村寨的重构与转型规律,切实找到优化和强化乡村地域功能的路径(如民族村寨旅游的深入开展)。基于尺度转换的逐层递进的综合性研究,可以打破目前乡村重构与转型相关研究多集中在宏观层面、微观尺度研究不足的局面。

　　进入21世纪以后,贵州特色民族村寨深受城镇化影响和外部市场需求牵引,优美的山地环境和浓郁的民族风情凸显,成为快速工业化和城镇化地区"乡村田园梦"聚焦地,贵州乡村地域系统要素的交互作用即重构,引发乡村地域功能发生"质变",原有的传统农业生产功能日渐衰退,多功能价值日益凸显,乡村地域系统正经历持续的重构。贵州以山地为特色的自然地理环境和民族特色凸显的人文地理环境叠加的村域正在经历怎样的重构历程？哪些因素驱动着乡村地域功能的转型？对于贵州乡村振兴有着怎样的典型意义？据此,本章选取了贵州少数民族人口最多的苗族村寨,也为全国最大的苗族村寨(西江千户苗寨即西江村)为研究对象,以地理学人地关系地域系统理论和社会学行动者网络理论为基础,以民族志(深度访谈)与空间分析等定性与定量方法相结合,以 2005 年、2012 年、2020 年为研究节点,从村域尺度探究山地区域民族村寨乡村重构与转型的规律。

# 7.1　案例村寨发展

## 7.1.1　自然环境基础

西江千户苗寨位于贵州黔东南州雷山县的雷公山麓,坐落在河谷地带的缓坡上,四周群山环抱,重峦叠嶂、梯田依山势而上,清澈见底的白水河在谷底蜿蜒穿寨而过。西江气候温暖,热量条件较好,降水丰富,适宜农、林、牧业生产。群山环绕的地形条件叠加良好的气候条件,成片的梯田景观衬托和谐安宁的苗寨,像一幅徐徐展开的苗岭山水田园画,颇具旅游美学价值,也有较大的开发价值。

## 7.1.2　社会经济发展

### 1 ) 历史沿革

西江的苗族是以"西"氏族为主的多支苗族经过多次迁徙融合后形成的统一休。苗族经"三苗国""武陵蛮"等多次迁徙,于西汉时期,进入贵州黔东北地区(铜仁一带),后又溯都柳江而上到达西江。西江苗族在 600 多年前,从湖南和广西进入贵州从江县后,往西不断分鼓迁移后集聚榕江县,之后分两支往西北与东北方向迁移,其中往东北方向的苗族经剑河到格头爬上雷公坪,最后到达西江。"西"氏族到达并定居在西江以后,后续逐步进入西江的苗族形成以"西"氏族为主体的苗族融合体。

### 2)社会经济

2006 年,为发展旅游需要,将也东、羊排、东引、南贵 4 个行政村合并成西江行政大村,全村有 37 个村民小组,总面积 11.72 km²,全村耕地面积 3 579 亩①,其中农田面积 3 248 亩,土地面积 331 亩,林地 11 411.25 亩。西江从清朝咸丰年间(1851—1861 年)的 600 多户发展到 2020 年 1 920 户,总人口为 6 432 人,苗族人口占 99%,是中国乃至全世界最大的苗族村寨。

20 世纪 80 年代,西江千户苗寨开始接待外国游客,但仍然是典型的山区农业村寨,白水河上游的大片耕地是全寨居民主要的生活来源,以传统种植为主,如种植水稻、玉米、土豆、红薯以及辣椒等。20 世纪 90 年代,部分村民开始外出务工或就地从事旅游接待,但农业经营收入仍然是其主要的收入来源,小农经济的生产模式仍占主导地位。进入 21 世纪,西江在全国快速工业化和城镇化的浪潮下,经历持续重构与转型,从 1982 年成为雷山县唯一的农村开放旅游区,到 2016 年,国庆黄金周日均突破 10 万人,成为贵州旅游景区的典型代表与必游之地,在 2020 年新冠疫情期间旅游接待量仍超过 400 万人次,2008 年旅游收入突破 1 亿元到后来的旅游综合收入几十亿元,极大地提升了当地村民的可支配收入,树立了西部乡村发展的"超级村寨模式"。

## 7.2 村寨乡村重构

### 7.2.1 经济重构特征

农耕社会的村落是中国长久以来的基层治理与经济活动的载体和基本单

---

① 1 亩=666.67 平方米。下同。

元。随着社会经济的发展,不同村域的经济运行自成体系,构成了以行政村为边界的村域经济共同体,村域和村域经济成为事实上和研究上的主体。村域经济是指行政村域内经济主体的经济活动与经济关系,属于行政区域经济中村级级别的经济类型。村域经济主要包括农户、村组集体和新经济体。村域经济类型多样,一般可以划分为传统农业型、现代农业型、现代工业型、市场综合型、旅游休闲型。村域经济结构是村域各组成要素在相互联系、相互作用过程中在时间或空间上形成的排列和组合的形式。不同的乡村地域有不同的村域经济结构,有的是农户经济占据绝对数量,有的则是个体私营企业或集体企业居于核心地位。村域经济结构是具有一定功能的内在依据,也是村域履行不同功能的主要依据。

西江村域经济发展经历了从传统农业型向旅游休闲型转向、从农业生产功能向非农旅游多功能进行转折性变化、从农户经济向集体经济与新经济体并存转变的复杂重构过程。其重构主要表现为经济主体结构的变化、产业结构的变化、农户生计方式结构的变化。西江村在 2000—2020 年从传统农业转向非农旅游业主导发展的经济重构过程呈现阶段性特征见表 7.1。

表 7.1　西江经济重构阶段性特征

| | 2000—2007 年 | 2008—2015 年 | 2016 年至今 |
| --- | --- | --- | --- |
| 经济主体结构 | 以农户经济为主体,1 家招待所,1 支民族表演队,30 多家农家乐,10 多家旅游商品店铺 | 以集体经济为主体,612 家门店经营户(288 家住宿、63 家餐饮、261 家旅游商品店) | 集体经济与私营企业为主导,1 071 家门店经营户(餐饮住宿 673 家、旅游商品 383 家、娱乐 15 家),外地个体经营户 909 家,占比 85% |
| 产业结构 | 以农业为主体,粮食及蔬果种植业、特色养殖业 | 以旅游业为主体,粮食、茶叶种植业,银饰加工业;50% 以上农户参与旅游经营 | 以旅游业为主体,90% 农户参与旅游发展;银饰刺绣加工业;种植为旅游服务 |
| 农户生计方式结构 | 以农业生产为主,外出务工为辅,少量旅游经营 | 以旅游经营为主,农业生产为辅,务工人员回流 | 以房屋租赁为主,餐饮与旅游商品经营为辅,极少农业生产 |

**1）2000—2007 年农户经济主导的村域旅游业发展的初期阶段**

20 世纪 80 年代,西江以其独特民族历史以及山地民族建筑与环境的融合为特点的西江风情已经出现在杂志上,作为外事接待的旅游地开始面向国外。1982 年,贵州省人民政府批准将西江列为雷山县唯一的乙类农村旅游对外开放点,同年 9 月,西江迎来了第一批外宾。20 世纪 80 年代后期,中国"七五计划"正式把旅游业纳入国民经济与社会发展规划,政府资金开始扶持具有旅游发展条件的贫困地区开发旅游。1987 年,在雷山县划为"国家级贫困县"的第二年,黔东南州将雷山县的朗德上寨、西江、雷公山作为首批旅游开发重点。1988 年,美国加州伯克利大学人类学博士路易莎来到西江进行为期一年的田野调查,并极力倡导西江发展旅游,但由于西江地处西南山区,交通不便,位于省道旁的朗德上寨成为 20 世纪 90 年代国内游客来到雷山的首选地。虽然西江的旅游资源丰富而独特,但由于其区位交通和发展基础,终究还是经历了 20 年的缓慢萌芽期。到 20 世纪 90 年代,也仅有外国游客、学者、摄影写生的少部分游客前往。从 20 世纪 90 年代初开始,大量的西江村民外出到东部沿海务工。20 世纪 80 年代和 90 年代,西江仍然以山地民族地区传统农业为主。

21 世纪初,随着政府对民族文化保护的重视以及国内大众旅游的发展,西江旅游步入发展初期。2000 年,雷山县将旅游业确定为支柱产业。2002 年,黔东南州的"苗年文化周"第一次在西江举办。2004 年,西江被列为全省村镇保护和建设 5 个重点民族村镇之一。2005 年"中国民族博物馆西江千户苗寨馆"正式挂牌,中国第一个苗族村寨博物馆在西江成立。2007 年,余秋雨应邀来到西江,并写下了题为《用美丽回答一切》的考察手记,在媒体上引起巨大反响。随着文化保护的推动和媒体的酝酿与推广,西江迎来了旅游业的迅速发展期。西江旅游发展初期,招待所和民族表演队开始营业,西江农户自发经营农家乐,2002 年仅有 8 家。随着旅游发展的推进,2004 年,西江游客接待量超过 1 万人,2006 年旅游综合收入超过 500 万元。但这一阶段,经济的相关要素投入仍然以农业投入为主,农户为经济的主体,产业结构以粮食、蔬果种植业和特色养殖业为主导、传统农业占比极高,主要以农户外出务工、农业生产、少数的旅游经营为其生计方式,旅游经营从最开始的几家农家乐、招待所、民族表演队发展到 30 多家农家乐和 12 家旅游商品店。由于对旅游业的劳动、资本、土地的投入较少,旅游业发展处于初步阶段,西江开始出现消费、娱乐等功能,但农业生产仍然是其经济结构约束下的主体功能,西江的经济重构处于要素相互作用的初始状态,经济重构已经开始,但处于初期阶段。

**2）2008—2015 年集体经济主导的村域旅游业发展的扩张阶段**

在前期政府与媒体的双重推动下,2008 年,西江旅游业发展迎来重大转折点。这一年,第三届贵州省旅游产业发展大会在西江召开,这样的大会是举全省之力投入大量资本建设大会举办地的基础设施和旅游服务设施,也是以旅游产业为基础发展地方经济的综合性招商引资活动,是贵州省政府主导的最具影响力的经济活动之一。根据《2009 年黔东南州年鉴》,政府投入约 2 亿元,修建了州府凯里郎利至西江的旅游公路,极大提升了西江旅游的可进入性;完成了大型民族歌舞表演场、苗族博物馆、民族精品街及古街的改造、3 000 多盏灯光系统安装、三线地埋、白水河水体生态改造、人饮消防改造、4 座风雨桥改造、40 户农家乐建设和改造、4 个旅游公厕等 24 个建设项目。大会召开后的“十一”黄金周期间,西江接待游客 23.1 万人次,同比增长 344.2%,实现旅游综合收入 4 072.6 万元,同比增长 344.7%。政府资本的大量投入推动西江网络通达性的极大改善以及旅游接待能力极大提升,同时社会宣传效应、西江的旅游资源基础的多重叠加,让西江旅游业发展步入了快车道。资本的大量涌进,西江村民从外出务工到大量回流,西江耕地、宅基地与林地的投入,经济结构中资本、劳动、土地各要素及相互作用发生极大变化,旅游非农产业成为主导产业,引发了西江经济结构的剧烈重构,并由量变走向质变。

2009 年,雷山县组建“西江景区管理局”和“西江千户苗寨旅游发展有限公司”。同年,西江开始向外界游客收取每人 100 元的景区门票,并将其中的 18% 分配给西江当地村民(2012 年之前为门票收入的 15% 分配给当地村民)。自此,西江村开始走向以村集体经济为主导的景区化管理的村域经济发展阶段。2011 年,西江千户苗寨被评为“国家 4A 级旅游景区”。2014 年,经过大会召开后五六年的发展,西江已经成为贵州最著名的景区之一,成为外省游客进入贵州必游的三个景区之一。外地商人和资本开始进入西江,并在两年后开始主导西江旅游的发展。西江的游客接待量由 2008 年的 77.73 万人次上升到 2015 年的 354.64 万人次,个体经营户达 612 家,其中 288 家住宿、63 家餐饮、261 家旅游商品店,还有 500 多个简易摊位。产业结构以旅游业为主,农业的重要性下降,有少量的银饰加工业与茶叶加工业。大会召开后,西江大量的外出务工人员回流,50% 以上的农户参与旅游经营。山下的农户直接参与旅游的住宿、餐饮、旅游商品经营,山上的农户以保洁、保安、厨师的身份或民族表演的形式参与旅游发展,其生计方式完全改变,由过去的农业生产、外出务工转向旅游经营和农业生产。这一阶段,西江的旅游业上升为主导产业,产业结构发生质变,生计方式和经济主体均发生转变。西江在外部工业化和城镇化外源驱动下的大量游客的涌进,引发内部资本、劳动、土地等经济结构的要素响应,相互作用趋强,且由量变转为质变,引致西江经济结构发生剧烈重构,经济重构步入相互作用趋强的质变阶段。

**3)2016 年至今,集体经济与私营经济共存的村域旅游业发展的成熟阶段**

2014 年,外地商人和资本的进入,经过前期的投资和建设,到 2016 年,将西江旅游业推向发展的巅峰,单日游客接待量突破 10 万人次,年游客接待量突破 400 万人次(目前,贵州旅游景区年游客接待量能达到 400 万人次以上的仅 3 家,以购买门票的实际游客量为统计标准)。西江旅游发展公司提供资料显示,截至 2020 年,西江个体经营户共 1 071 家,其中餐饮住宿类 673 家、旅游商品类 383 家、旅游娱乐类 15 家,其中外地经营户 909 家,占比 85%,其中住宿类的经营户 442 家,仅有 47 家为本地村民经营,近 90% 为外地经营户,旅游娱乐类基本为外地商户经营。原有的简易摊位进行固定经营,建成 100 多家小吃店、几十家烧烤店以及民族工艺品摊位,由山上的农户抽签参与经营。西江旅游业发展步入集体经济和私营经济共同主导的发展阶段。产业结构以旅游业为主导,有少量的银饰与刺绣加工业,种植业为旅游业服务,如原有的稻田一部分成为梯田景观,一部分根据旅游需要养殖稻田鱼供游客进行捉鱼体验等。当地村民的生计方式彻底改变,90%的农户参与旅游发展,但参与方式已经发生较大变化。以前以经营农家乐和旅游商品售卖为主,由于大量外地商人和资本的引进,大部分的西江个体经营户面对市场失去竞争力,特别是住宿,许多连锁民宿企业进驻占据了90%的市场份额,西江大部分村民不再直接参与旅游经营,而是投入一定的资金,修建吊脚楼(房屋)租赁给外地商户经营,每年收取10万~100万元不等的租赁费用。2020年,财产性收入占农村居民可支配收入超过50%。

这一阶段,由于经济结构中外地资本和外地务工人员的涌进,引发当地居民大量修建房屋和当地政府扩大土地的投入,2012年编制的《西江镇总体规划》发展到2016年,由于游客的急剧增长,急需加大土地的投入,重新修编了《西江镇总体规划》,将建设用地面积由101 hm² 调整为393 hm²。资本来源的变化和资本、劳动、土地的持续大规模投入,引发西江经济结构中要素作用强度和方式的变化,进入以新经济体即外地私营企业引导的新一轮重构(特别是知名企业的进驻,比如民宿著名品牌循美和三春里等)。

## 7.2.2 社会重构特征

从宏观的结构主义视角出发,美国彼特·布劳认为社会结构是由处于不同群体或不同社会阶层的人们所占据的一种社会位置以及社会交往的空间分布关系,体现为名义(或类别)参数,如性别、种族、职业等,或者体现为等级参数,如收入、地位等。国内社会学者杜玉华在其《社会结构:一个概念的再考评》一文中认为社会结构可以划分为3个层次,即宏观、中观、微观。其中,人与自然是组成宏观社会结构的两大要素。而中观的社会结构由政治、经济、社会和文化四大要素结构构成。微观结构则指人类在社会交往活动中形成的种种社会关系网络,具体体现在人口、家庭、劳动力、社区等各方面的社会结构。

综上所述,本章研究的村域社会结构的重组即社会重构,从微观角度出发,延续县域社会重组指标选择的逻辑,即一定的乡村地域主体(乡村人口与村域内流动人口)通过就业获取一定的收入并处于一定的社会关系中。针对西江经济重构特征与发展基础,选取人口结构、收入结构、社会关系结构的变化考察西江社会重构特征,人口结构即西江村域主体构成及占比变化,收入结构反映一定的阶层结构关系,社会关系又包括宏观意义上的村寨主体与民族文化的关系映射村寨人类活动与人文地理环境关系,中观意义上的当地村民与政府关系,反映社会的治理结构,微观意义上的邻里关系变化,即本地村民之间的关系以及本地村民与外来投资者与务工者的关系。见表7.2。

**表 7.2　西江社会重构特征**

| | 2000—2007 年 | 2008—2015 年 | 2016 年至今 |
|---|---|---|---|
| 人口结构 | 本地村民、12 万以下的游客 | 本地村民、政府工作人员、400 万以下的游客 | 本地村民、政府工作人员、400 万以上的游客、外地投资者、外来务工者 |
| 收入结构 | 以农业经营收入为主、务工收入为辅,少量旅游收入;大多数为低收入阶层,中高收入阶层较少 | 以旅游经营收入为主、农业经营收入为辅,少量务工收入;中收入阶层迅速增加,少量高收入阶层、部分低收入阶层 | 财产性收入为主(房屋租赁收入)、工资性收入为辅、少量农业经营收入;大部分为中收入阶层,高收入阶层迅速增加,极少量低收入阶层 |
| 社会关系结构 | 以血缘关系为主,邻里关系和谐,民族文化保护良好 | 血缘关系向业缘关系转化,民族文化保护力度加强但实际效果减弱;邻里关系冲突,政府和当地村民关系紧张 | 以业缘关系为主,民族文化保护力度减弱;邻里关系一般,政府和当地村民关系缓和 |

### 1）村寨主体越来越多元化

西江乡村人口户数由咸丰年间的 600 多户发展到现在的 1 920 户,乡村人口总数由 2005 年的 5 326 人发展到 2020 年的 6 432 人。经过 20 年的旅游发展,西江的人口结构不仅包含村寨内的乡村人口,外界主体不断嵌入,推进西江进行持续的社会重构。在西江,本地村民、各级政府、迅速增长的游客、外地投资者、外地务工人员以及媒体、乡村研究者与规划者,甚至乡村内自然环境与人文环境中的梯田、枫树、招龙山、白水河、苗族吊脚楼、苗族服饰、苗族风俗与演艺通过互动贡献连接成行动者网络,乡村社会重构在这种由多元主体组成的网络体系协同作用下持续进行,体现出自然与社会、人类与非人类实体结合得更加紧密,乡村主体越来越多元化。

　　西江人口构成越来越复杂(图 7.1),由单一的本地村民演变为"本地村民+多级政府+游客+外来投资者+外来务工人员"的多元主体复杂结构。2000 年以前,游客进入西江属于少数现象。2000 年以后,由于游客大量涌进,游客最先嵌入西江社会结构,从 2000 年的 0.76 万人次到 2016 年突破 400 万人次,最多时单日游客接待量超过 10 万人次,2018 年游客接待量超过 800 万人次。游客的持续嵌入,引发了当地村民生计方式的巨变,也引发了村寨空间的急剧变化。从 2008 年第三届贵州省旅游发展大会在西江召开后,游客从 10 多万人次迅速上升至 70 多万人次。2009 年,在雷山县人民政府的主导下,西江镇政府的积极推动下,成立了县人民政府管辖下的"西江景区管理局"和"西江千户苗寨旅游发展有限公司",负责西江的门票收取和规划建设与管理。至此,各级政府开始深度参与西江旅游发展。从 2014 年开始,西江旅游发展在市场中得到巨大肯定,外来投资者开始进入西江旅游市场,到 2020 年,经营了西江 90% 的酒店,70% 的旅游商品店,55% 的餐饮。外来投资者的进入,使村寨主体更加多元,人口结构更加复杂,开始出现租赁关系,再一次改变当地村民的生计方式,财产性收入成为当地村民收入的主要来源。

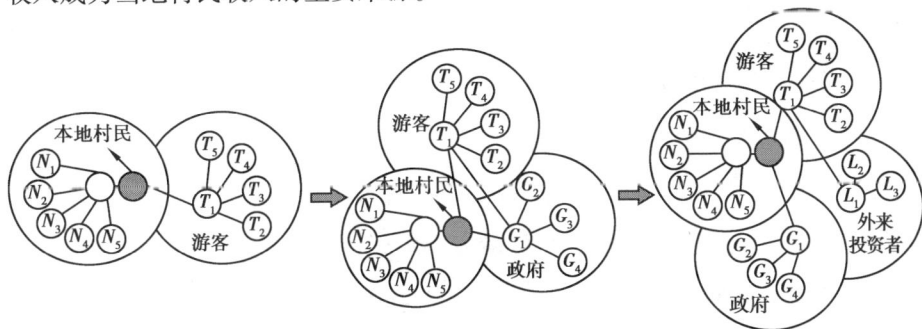

图 7.1　西江村域主体构成及演变

### 2）收入结构发生转折性变化

西江在尚未开展旅游接待之前，当地村民以农业为主要收入来源，20 世纪 90 年代初，村内大量年轻人前往东部沿海务工，收入基本处于同一水平。直到 2005 年，农业经营收入仍占 60%，务工工资性收入占比 25% 左右，旅游收入占比 15% 左右。2008 年，西江村域经济发生质的变化，旅游业成为主导产业，旅游综合收入超过 1 亿元，西江村的农民人均纯收入超出西江镇农民人均纯收入的一半左右，旅游经营收入成为主要收入来源。收入结构以 2008 年以前的农业经营收入为主、务工收入为辅、少量旅游收入的收入结构转向以旅游收入为主、农业经营收入为辅、少量务工收入的收入结构。2016 年，西江游客接待量突破 400 万人次，外地投资者大量进入，西江本地村民在资本上与经营上无法与其抗衡，渐渐退出旅游经营特别是旅游住宿经营，本地村民与外地投资者形成租赁关系，收入结构转向以房屋租赁收入等财产性收入为主（占比在 50% 以上）、旅游经营收入为辅，以及少量的农业经营收入。中高收入阶层也随着旅游业的发展逐渐增加，2008 年旅游业未占主导地位之前，以低收入阶层为主，农民人均年收入约 1 500 元，2008—2015 年，中收入阶层迅速增加，主要参与西江的住宿、餐饮、旅游商品经营，少量高收入阶层为经营规模较大的旅游经营个体户。2016 年至今，是高收入阶层迅速形成的时期，如经营两家餐饮店的阿浓家以及位于河东山脚的古街、游方街以及河西观景台附近的房屋租赁农户，都成为高收入阶层的主要代表。

2021 年 4 月，笔者在西江进行了为期 3 天的深度访谈，其中 3 个家庭的收入结构具有典型代表性。第一家位于白水河东的山上，家住百年木屋，家庭共 5 口人，第一代耕种原有大家庭分配下来的 10 多亩地，第二代夫妻两人为西江小学的教师，分别有 4 万 ~6 万元不等的工资收入，并在闲时经营旅游餐饮、售卖西江牛角梳与苗药等旅游商品，两年前在老房子旁修建了一栋 3 层楼的房屋用于出租，每年租金约 15 万元，家庭年收入在 30 万元左右，是西江中等收入家庭的代表。第二家是从 2002 年开始经营旅游餐饮品牌的阿浓苗家，2015 年通过去上海学习经商管理技能，经受住了外地投资者的冲击，将阿浓苗家品牌餐饮做到了本地村民经营的最大规模，第二代和第三代分别经营了一家餐饮店，作为创始人管理着与政府合资的第三家餐饮店，是家庭年收入百万元以上的高收入阶层的典型代表。第三家为当地村民中最早经营旅游住宿的李老师客栈的家庭，客栈从最开始的小有名气到现在停止营业，第一代作为教师退休，在外地投资者的冲击下，退出了旅游住宿的经营；第二代修建了房屋用于出租，租金收入成为收入的主要来源，年租金 12 万元左右，并作为小吃摊、烧烤摊的抽签参与者，每两到三年会抽中经营小吃摊或者烧烤摊，500 多个固定摊位的搭建是为了平衡山上山下以及河东河西的村民收入而设立的。第三家是西江相对低收入阶层的代表。

### 3）社会关系在旅游发展过程中曲折前进

社会结构在微观意义上可以理解为处于不同群体或不同社会阶层的人们所占据的一种社会位置以及社会交往的空间分布关系。西江的社会关系随着外部主体不断地嵌入，社会关系呈现复杂化发展，并出现集中的矛盾冲突期。西江的社会关系可以概括为三个方面，西江当地村民和政府与民族文化（主要是民族建筑、民族风俗与节庆、民族服饰等）的关系、当地村民与政府的关系、邻里关系（即当地村民之间以及村民与外地投资者与务工者的关系）。

西江当地村民和政府与民族文化的关系主要表现为依赖、保护、差别式利用的关系。西江因苗族特色建筑木结构吊脚楼与山势的完美结合而受游客的青睐。20 世纪 80 年代西江鳞次栉比的村寨照片刊登在时尚杂志上，民族建筑与环境的融合是吸引村寨外游客的第一要素；西江苗族有上千年的历史，其民族风情非常浓郁，比如苗年节、十二年举办一次的鼓藏节，在清朝纳入王朝统治之前的自成体系的治理结构等，为西江增添了无限的神秘；西江作为黔东苗族支系，其服饰与饮食为游客提供了视觉和味觉盛宴（特别是苗族银饰在节日盛装中的出现）。以民族文化为核心的自然环境与人文环境叠加出的独特旅游资源是西江发展旅游的基础。从 20 世纪 90 年代开始，"文化保护"的话语作为市场化的一部分开始进入西江,将"保护"与"兜售"紧紧联系在了一起。主要反映在三个话语实践上,即"非遗运动""苗族博物馆建设"以及"文化保护评级奖励"。村寨主体与民族文化的关系,间接地体现了当地村民和政府受市场化的驱动,从最开始的依赖、保护到后期三者共同建构"西江文化"。也印证了文化并非一种自然而然的客观存在,而是在特定历史时空过程中建构起来的一种观念。利用原有民族文化基础,当地村民、政府、游客等在旅游发展过程中,又共同建构了新式的西江文化,人文地理环境与自然环境的进一步叠加,在发展过程中逐渐更新了地理环境。比如,西江村民不再按照习俗安排节庆活动,而是根据政府安排和游客需求,形成了大型的节庆日和游客来到西江时的民族文化巡游环节,提炼出游客喜欢的文化符号将其程序化(拦门酒和高山流水的喝酒仪式广受游客欢迎),民族表演队也从几十个人发展为400多人的团队,不仅有当地上年纪的村民、年轻的苗族音乐爱好者,还有高校的专业音乐团队(凯里学院音乐系为表演队的主要演员承担者)。

西江当地村民之间的关系以及当地村民与政府之间的关系均经历了和谐到冲突再到相对和谐的发展历程。在旅游开发之前,西江当地村民沿袭祖辈留下来的传统,以血缘为纽带,形成少数民族特有的共同体,邻里关系非常和谐,有专门的"活路头"引领着大家开始一年的劳作。在旅游开发初期,即2000—2007年,年游客接待量在10万左右,旅游业尚未成为西江的主导产业,旅游经营未引发贫富差距,邻里关系和睦,村委会、鼓藏头、活路头各司其职。由于各级政府还未深度参与西江旅游,当地村民与政府关系处于和谐状态。2008—2015年,西江年游客接待量从2007年11.5万迅速增长到2015年的345.6万,是西江旅游的迅速发展期。西江旅游的迅速发展期也是社会关系矛盾冲突期。首先是村民之间,山下与山上的村民由于参与旅游程度与方式的不同而收入差距较大,以及为了发展旅游修建道路占用耕地与房屋修建的审批都引发了邻里关系的紧张。旅游迅速发展带来的巨额利益的分配不均是邻里关系、当地村民与政府关系紧张的本质所在。2009年成立西江景区管理局和西江旅游发展公司后,开始收取门票,当地村民认为门票收益归政府,门票的 15% 分配给村民,门票的分配收入远抵不上村民经营旅游餐饮、住宿、旅游商品的收益,村民认为门票收取会导致游客减少进而导致旅游收入减少,政府为了管理旅游的需要,禁止村民的车辆从景区大门进出。2012 年,政府将门票 15% 的收益提高到18% 分配给村民,并从村寨背后修一条环寨公路进行物资运输。2016 年至今,一方面,由于外地投资者进入,深度参与旅游经营的当地村民逐渐减少;另一方面,政府主动寻求解决途径,如设立 512 个小吃、烧烤、民族工艺品等简易摊位,让未充分享受到旅游带来的利益的村民进行抽签运营,政府与当地村民关系得到进一步缓解。村民之间由血缘关系转向业缘关系,政府也充当了村民之间利益的调节器,在景区范围内设立了多处村民纠纷调解站。对于河西与河东村民的冲突,以默许河东多修建房屋出租来达到河东河西村民收入的平衡(河西多为以西江景观特别是夜景为经营卖点的酒店和民宿,而河东则为景观本身,经常以夜间灭灯行为抗议河东与河西收入不平衡的问题)。在年游客接待量达到400 万人次之后,旅游业的利润空间足够大,体现了相对公平,乡村治理亦趋于成熟,邻里关系以及当地村民与政府关系逐渐缓和,走向相对和谐的发展阶段。外地投资者与务工者、与当地村民、与政府的关系一直处于相对稳定状态,外地投资者与当地村民属于业缘关系,多为租赁关系。外地务工者为当地村民解决建设中或经营者劳动力短缺的问题,或者受雇于外地投资者,多为雇佣关系。

## 7.2.3　空间重构特征

如前所述,空间重构是指人类活动作用下的自然地理与人文地理环境的变化。研究期内人类活动作用下的地表结构变化主要表现为人文地理环境变化,土地利用变化是指示器。通过土地利用聚焦乡村内部组织和外部空间关联发生变化。针对西江村域空间重构而言,延续县域层面以点、线、面为空间刻画要素的基础上,结合西江发展过程中人文地理环境变化主要体现在聚落和外部道路以及聚落周边的耕地和林地的变化,选择宅基地和耕地的斑块面积占比刻画乡村空间在点上的变化,网络通达性聚焦于外部空间关联的变化,刻画乡村空间在线上的变化,通过景观破碎度刻画西江村作为一个整体面由相对均质走向异质的过程。

研究数据主要来源于雷山县政府以及西江旅游发展公司提供的资料,以2006年编制的《西江千户苗寨修建性详细规划》、2013年编制的《雷山县西江镇镇区控制性详细规划》、2020年的0.05 m×0.05 m高清遥感影像图以及西江村的国土二调和三调数据为基础,先分析了西江乡村空间重构的整体特征,再以聚落的核心区域为研究范围从点、线、面3个方面详细探究了西江乡村空间重构的分项特征。

### 1)空间重构整体特征

根据编制规划时测绘的地形图、谷歌地球上截取的2013年西江卫星影像以及雷山县人民政府提供的2020年0.05 m×0.05 m的高清卫星影像图,采用前期初步解译、实地调查和后期室内解译相结合的方法获取西江乡村空间演变的相关信息,在ArcGIS软件平台上提取道路及停车场、水体、宅基地信息,以2005年、2012年、2020年为时间节点(2012年空间分析图是以2012年测绘地形图为基础并在2013年西江卫星图的校对下完成),揭示西江乡村空间重构整体特征。

西江乡村聚落空间沿道路往西北、东南、西南扩展了5倍(图7.2—图7.4)。根据2006年编制《西江千户苗寨修建性详细规划》,旅游发展初期,开展旅游接待以及村民居住的核心区域面积共85.82 hm$^2$,发展到2020年,西江旅游接待涉及的范围已经达514.63 hm$^2$,研究期内增加了5倍。总体上从核心区域沿道路往西北、东南、西南方向扩展,在西江西南部修建了西门旅游服务中心与西江新村。

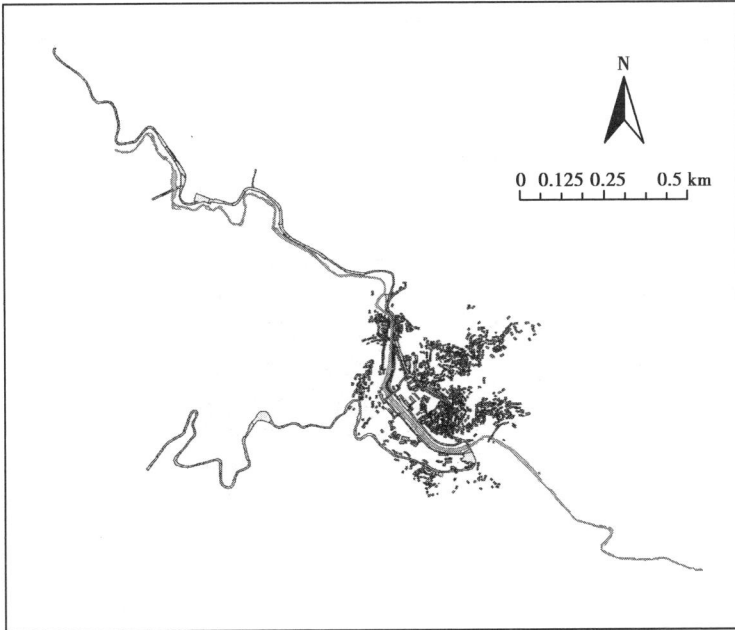

图 7.2　2005 年西江空间结构图

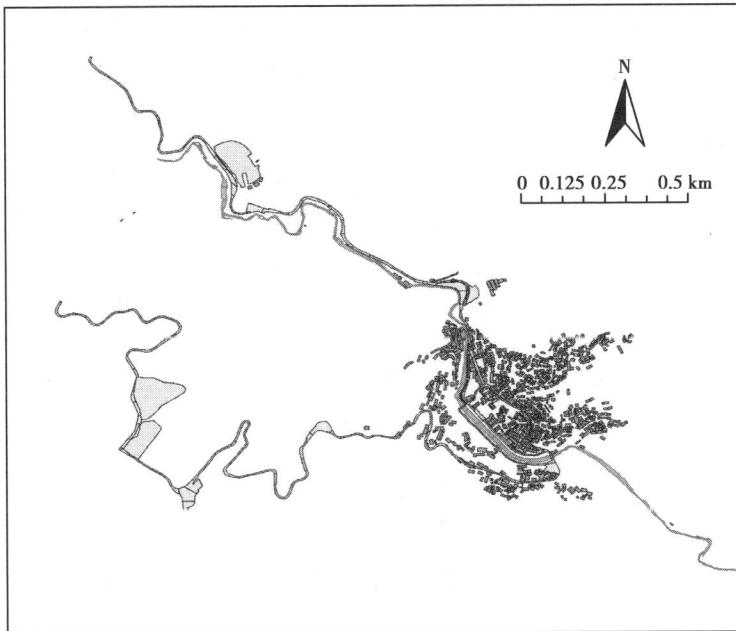

图 7.3　2012 年西江空间结构图

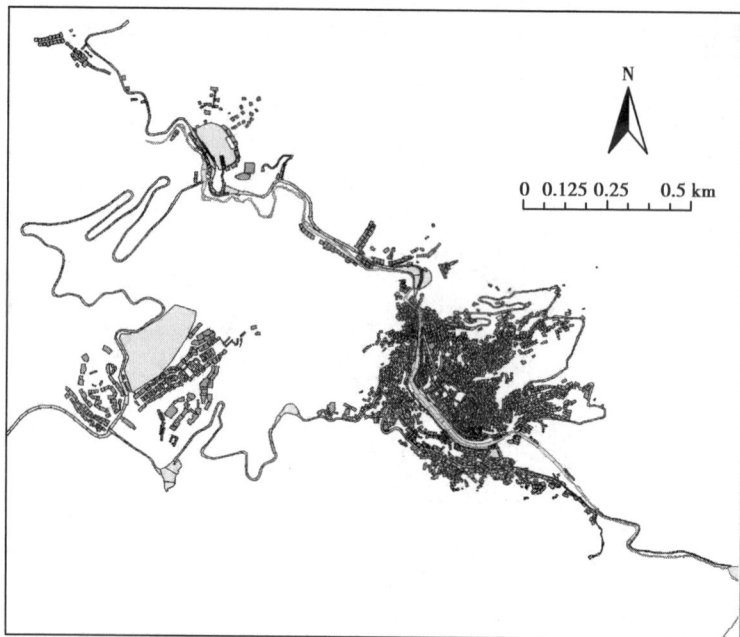

图 7.4　2020 年西江空间结构图

2000—2005 年,西江乡村空间处于空间重构初期阶段。2005 年之前,旅游发展的初期阶段,游客接待量在 1 万人次左右,生计方式仍以农业经营与外出务工为主,农民收入以农业经营收入为主,社会主体开始多元化,但未形成规模。空间重构的主要载体土地变化较小,零星出现了以旅游服务为目的 10 家左右农家乐、西江民族博物馆、西江芦笙广场、招待所,原来的古街由当地的集市功能逐渐转向为游客售卖旅游商品服务。土地利用的相互转换较少,多数在原有房屋和街道的基础上进行改造,农林用地与宅基地的斑块占比、网络通达性、景观破碎度变化幅度非常小。

2005—2012 年,西江乡村空间处于平缓重构期。2005 年,居住核心区内尚有耕地。由于西江村为西江镇政府驻地,古街上建有镇政府、卫生院、粮管所等公共设施。旅游服务设施相对较少,设置有芦笙广场、民族招待所、苗族文化传承基地等相关旅游接待设施,旅游服务设施用地占比较少。2012 年,西江乡村空间核心区域外扩,村寨大门即游客进入方向由南部的 866 县道上改为从村寨西北方向进入,修建了郎西公路作为游客的主要进入通道,沿道路修建了两个停车场。村寨内的新建民居主要围绕东部汽车站展开,在郎西公路开通之前,游客进入西江均需要从雷山县坐专线交通车到达车站进入村寨内,汽车站成为宅基地扩建的第一首选地。其次是沿河的游方街一侧修建商铺门面,粮管所拆除并修建了大型的铜鼓舞广场。2005—2012年乡村生产空间主要往西北方向扩张,旅游服务用地大量增加,核心区域的一半的耕地转化为旅游服务设施用地。旅游服务设施用地的增加主要用于修建旅游交通道路、停车场、民族演艺广场、旅游商品售卖店及旅游餐饮场所。

2013—2020年为乡村空间处于剧烈重构期。2013年,西江年游客接待量突破200万人次,西江旅游步入高速发展阶段,随着西江经济与社会重构趋强,西江迎来了空间剧烈重构期。一方面,向外部继续扩展空间,非旅游功能和为旅游间接服务的设施全部迁出,旅游生产服务空间急剧扩大。在范围上向西南与东南方向扩张,西南部主要布置西江新村和西门旅游服务中心,修建了大面积的停车场和商业街,并新修道路连接了郎西公路和866县道,将西门与北门连通,在新修道路旁新建了变电站,将原来位于东部汽车站旁的变电站迁出。大量游客的进入,为保障用水,沿郎西公路延长线的东南部修建了作为饮用水源的水库。西江镇政府、西江景区管理局、西江旅游发展公司迁至村寨西部的干荣村。另一方面,宅基地面积急剧增加,开发为旅游住宿空间。原有的85.82 hm$^2$的核心区域内除西北和东南周边作为景观的梯田保持原貌外,其他河两岸的耕地全部转化为宅基地,用于修建房屋经营旅游住宿与餐饮。河西因为可以享受河东的吊脚楼与山势融合的景观,原有的耕地全部转化为宅基地,是外来投资者经营民宿的集中区域,河西的宅基地延伸到村寨后面的环寨公路。现在的西江,在3个山坡上全部建满了房屋,房屋之间没有空隙,鳞次栉比,实地调研过程中发现一家的阳台搭建在另一家的房梁上,西江核心区域内的土地堪比城市,寸土寸金,土地成为最珍贵的资源和空间载体。

### 2）空间重构分项特征

为了聚焦西江核心居住区域内的变化,以2006年编制《西江千户苗寨修建性详细规划》划定的85.82 hm$^2$为研究范围,此范围内是西江村民集中居住和开展旅游活动的区域,虽然西江西南部建有移民新村,但没有原汁原味的环境与民族风情,游客只是在西门旅游服务中心购票停车,乘坐观光车直达核心区域,移民新村居住的村民少、游客停留时间短,聚焦核心区域能够更清晰地探究西江乡村空间重构分项特征。

宅基地与农林用地斑块面积占比的变化集中反映了西江核心区域在点上要素空间重构的剧烈程度。宅基地即村民房屋2005年、2012年、2020年3个时间节点上的变化表明(图7.5—图7.7),从土地利用角度考察空间重构,变化最剧烈是宅基地和耕地,耕地与林地转化为宅基地的现象突出。2005年,耕地面积与林地面积共计58.44 hm²(其中,以耕地面积为主,林地与耕地合并为农林用地)、宅基地为19.44 hm²,斑块面积占比分别为68.1%、22.7%;2012年农林用地面积和宅基地面积分别为50.78 hm²、26.77 hm²,斑块面积占比分别为59.2%、31.2%;2020年农林用地面积和宅基地面积分别为37.33 hm²、39.22 hm²,斑块面积占比分别为43.5%、45.7%。研究表明,2012年以前,西江核心区域空间重构相对缓慢,宅基地增加的速度在2008年之前变化不大,2008—2012年增速加快,但相对平缓。2012年之后,空间重构进入快速重构期,以宅基地、旅游服务设施用地和交通用地迅速增加以及农林用地的迅速减少为主要特征。2005—2012年,宅基地主要沿游客进入西江的方向和沿路、沿河增加。2008年以前,游客从西江南部寨门经东部汽车站进入较多,前期沿汽车站附近的宅基地迅速增加,2008年将游客进入西江景区入口改为西北方向进入,西北入口的宅基地和旅游服务设施用地增速加快;在这个过程中,与白水河平行的两条街道古街和游方街一直是游客活动的中心地带,沿游方街即古街的西北部延长线成为宅基地和旅游服务设施用地增加的聚集区。2012年之后,由于游客接待量的成倍增长和外来投资者进入,进入空间剧烈重构期。外来投资者将大量的资金投入到旅游住宿即乡村民宿中,宅基地的极速增长成为空间重构趋强的直接反应器。宅基地的宗数从2005年的1 142宗增加到2012年的1 202宗,2020年达到2 536宗,加上核心区外的西江新村,宅基地的宗数达到3 085宗,是旅游发展初期宅基地宗数的3倍。村寨河两岸的耕地在2005—2012年转化为宅基地,2012年之后,村寨东南部耕地、村寨西南部林地急剧减少。为了发展旅游和保护位于雷公山国家级自然保护区的需要,东部的大片梯田成为村寨的景观

组成部分,在开发过程中得以保存。除去作为景观与保护需要的 15 hm² 耕地,
农林用地减少了一半。西江乡村核心聚落空间结构演变见表 7.3。

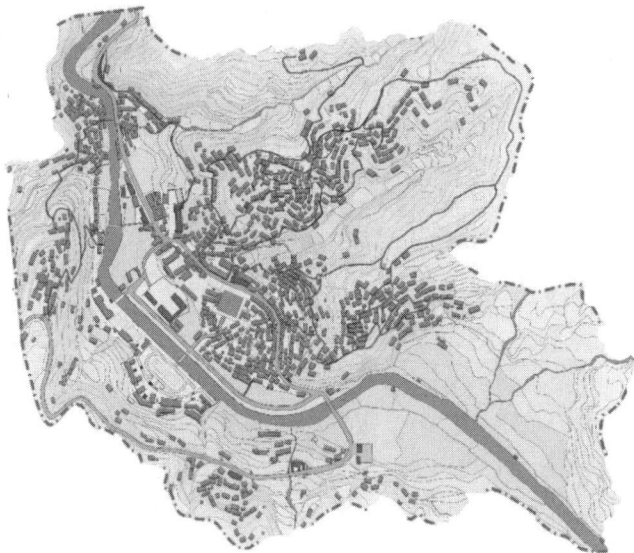

图 7.5　2005 年西江宅基地分布图

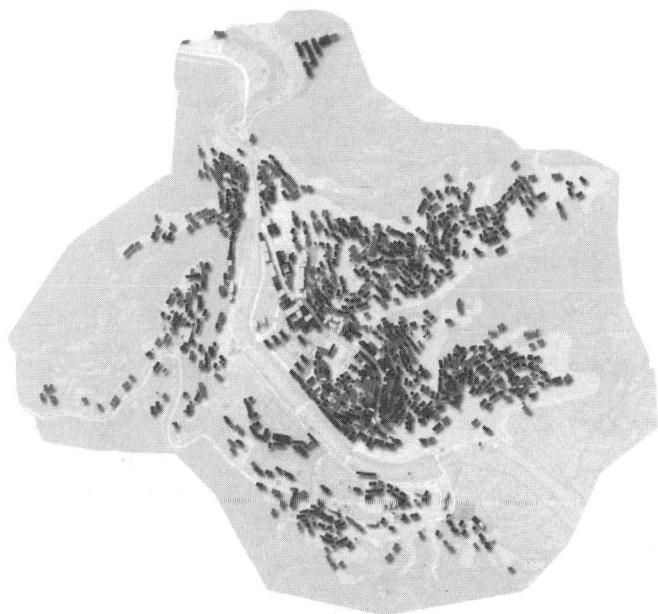

图 7.6　2012 年西江宅基地分布图

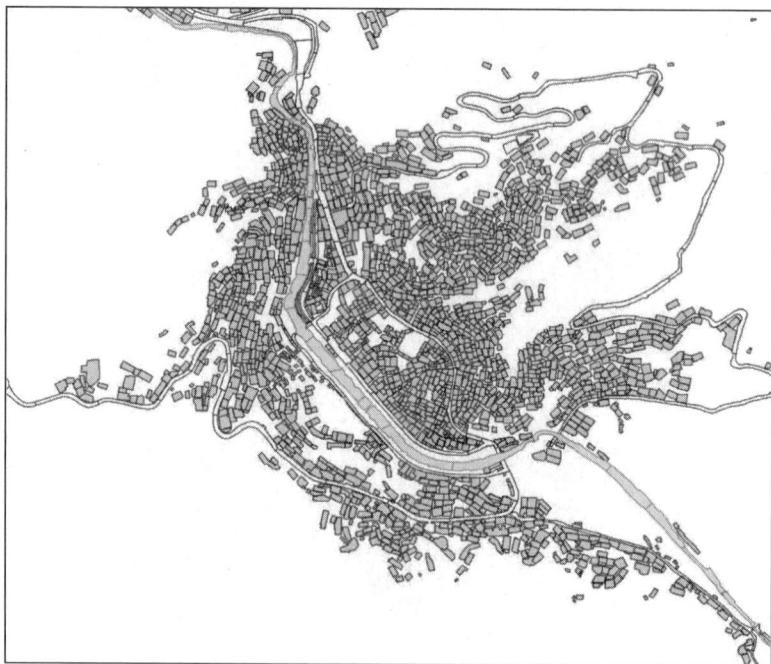

图 7.7　2020 年西江宅基地分布图

表 7.3　西江乡村核心聚落空间结构演变

|  | 2005 年 | 2012 年 | 2020 年 |
|---|---|---|---|
| 农林用地面积 | 58.44 hm$^2$ | 50.78 hm$^2$ | 37.33 hm$^2$ |
| 宅基地面积 | 19.44 hm$^2$ | 26.77 hm$^2$ | 39.22 hm$^2$ |
| 宅基地宗数 | 1 142 | 1 202 | 2 536 |
| 农林用地斑块面积占比 | 68.10% | 59.20% | 43.50% |
| 宅基地斑块面积占比 | 22.70% | 31.20% | 45.37% |
| 外向通达性 | 2.5 h | 1 h | 0.5 h |
| 景观破碎度 | 0.133 1 | 0.140 1 | 0.295 5 |

　　网络通达性的改善是山地民族地区乡村连接内外的重要媒介,是线上要素空间重构特征的体现。网络通达性包括外向通达性和内部连通性,对山地民族

地区来说外向通达性显得尤为重要,是乡村连接内外的重要通道。西江的外向通达性主要包括西江核心区域与黔东南苗族侗族自治州府所在地凯里道路连接的线型以及花费的时长。西江外向通达性的两次改善是西江空间重构的重要时间节点,内部与外部的通达性的巨大提升,也迎来了游客与资本的大量进入,经济与社会的急剧重构必将带来空间上的剧烈重构。2008 年以前,进入西江必须绕道雷山县城,乘坐两个至两个半小时的车程从凯里经雷山县城到西江。2008 年贵州省人民政府宣布第三届旅游产业发展大会在西江召开,省州两级政府投入 2 亿多元修建基础设施和旅游服务设施,其中最重要的一项投资为修建了凯里朗利至西江的郎西公路,将西江到凯里的车程缩短到一个小时左右,游客由 10 万人次提升到 100 万人次,游客进入村寨的入口由西南部转为西北方向进入,配建了规模适当的停车场。2015 年凯里至雷山县高速公路开通,在西江设有高速路互通,西江互通至西江核心区域仅 4 km,游客进入西江车程从一个小时缩短到半个小时左右。由于道路基础设施的改善、自驾车的普及,西江游客接待量从 100 万人次提升到 400 万以上人次,跻身贵州游客接待量的第一方阵,成为游客特别是外省游客进入贵州旅游的必游 3 个景区之一。游客的大量涌进,也吸引了外地投资者进驻西江。对于内部连通性来说,由于游客前期集中在白水河两岸,内部连通性的提升不显著。西江内部连通性的改善从 2012 年开始,由于游客大量的增加,西江物资特别是建房物资需要从外部大量运输进入西江核心区域,给游客的进出和游赏带来不便。2012 年,在当地村民的要求下修建了西江北部寨后的环寨公路,大大改善了内部连通性。对于游客来说,进入河东河西的山腰,走在逼仄的盘山小路上也是一种乐趣,也因为地形条件的限制,内部连通性的提升远远不如外向通达性。

　　景观破碎度从面上要素反映了西江乡村空间重构的整体趋势与特征。景观破碎度是将西江当作一个整体的面域,考察其空间整体从均质到异质的变化程度。研究表明,西江核心区域的景观破碎度及增加速度远远高于西江整个行政村的变化速度。2005年、2012年、2020年西江核心区域景观破碎度分别为0.133 1、0.140 1、0.295 5；2005年、2012年、2020年西江整个行政村景观破碎度分别为0.006 4、0.007、0.012。由此可见，2012年旅游快速发展之前，乡村地域相对均质，2012年之后，地域异质化迅速加剧，西江核心区域景观破碎度增速为122%，西江整个行政村景观破碎度增速为87.5%。宅基地、耕地、林地破碎度的变化起主控作用。据此，西江作为旅游专业村，工业化、城镇化、市场化驱动加强了村寨内外的连接、加剧了内外要素的极速流动，外源驱动的作用更加显著。

# 7.3　村寨乡村转型

## 7.3.1　乡村转型判别

由6.1.1可知，判别乡村转型的标准是乡村转型度超过50%，即农本功能占比低于50%，非农功能占据主导地位，乡村地域功能发生转折性变化。农本功能包括农业生产功能、涉农收入功能和环境保护功能。对于西江千户苗寨来说，作为景区发展的用地分类以农村居民点用地为主，随着旅游的发展，耕地和周边的林地的环境保护价值也逐渐往观光性、娱乐性、消费性发展。因此，判别西江乡村地域功能转型从非农收入即旅游收入与外出务工收入超过农业经营收入，以及农业产值旅游综合收入的对比这两方面进行判别即可。

2005年以前，西江村民仍以传统的农业经营为主，只有部分村民外出务工或经营旅游。种植苗寨上游的大片耕地仍是全寨居民主要的生计方式。2005年西江国内生产总值为894万元，农民人均纯收入为1 512元，其中农业收入900元，工资性收入400元，旅游收入212元。

在西江旅游发展前期，农民人均纯收入的增长主要源于农业和在外打工收

入的增加,绝大多数村民家庭的旅游收入占全年总收入的比重在20%以下。有
研究者对相关数据进行回归分析得出西江游客人数每增长1%,会导致农民人
均纯收入增长0.189%,西江乡村旅游发展带动了农民收入的增加。鉴于旅游
发展对农民人均纯收入的影响需要规模效应,且游客数量增长对农民人均纯收
入增长的影响程度大于西江苗寨旅游收入增长对农民人均纯收入增长的影响
程度,2008年,由于贵州省第三届旅游发展大会在西江召开,西江旅游人数从
2007年11.5万人增加到77.7万人(见表7.4,2015年以后西江村已不再统计
农民人均纯收入),达到国家级AAAA级旅游景区的标准,可以推断得出2008
年西江农民人均纯收入由1 920元提升到3 205元中的大部分增长可能来自旅
游收入,即非农收入,加上外出务工的工资性收入,在2008年西江的涉农收入
功能居于次要地位;根据77.7万人的游客接待量,按照最低标准的人均100元
的消费标准,旅游贡献的第三产业产值远远超过农业产值。根据旅游业统计标
准,2008年的旅游综合收入为1.37亿元。据此,2005年西江农本功能仍然占
主导地位,随着游客的大规模进入,于2008年乡村地域发生转型。事实上,
2008年是贵州乡村地域发生转型的时间,也是西江乡村地域由量变转向质变即
乡村转型的时间节点。

表7.4　西江村与西江镇历年农民收入、西江村游客接待量与旅游综合收入表

| 年份 | 西江村农民<br>收入(元) | 西江镇人民<br>收入(元) | 西江村游客<br>接待量(万人) | 西江村旅游<br>综合收入(万元) |
|---|---|---|---|---|
| 2000 | 664 | 1 021 | 0.76 | 17 |
| 2001 | 753 | 1 143 | 0.8 | 20 |
| 2002 | 1 029 | 1 230 | 0.86 | 20 |
| 2003 | 1 300 | 1 313 | 0.92 | 23 |
| 2004 | 1 410 | 1 400 | 1.2 | 30 |
| 2005 | 1 512 | 1 449 | 1.35 | 33 |

续表

| 年份 | 西江村农民收入(元) | 西江镇人民收入(元) | 西江村游客接待量(万人) | 西江村旅游综合收入(万元) |
|---|---|---|---|---|
| 2006 | 1 550 | 1 662 | 6.8 | 544 |
| 2007 | 1 920 | 1 850 | 11.5 | 576 |
| 2008 | 3 205 | 2 260 | 77.7 | 13 675 |
| 2009 | 4 320 | 2 510 | 78.4 | 17 958 |
| 2010 | 4 800 | 2 280 | 90.2 | 28 725 |
| 2011 | 7 100 | 3 360 | 115.9 | 49 700 |
| 2012 | 8 520 | 5 160 | 156.2 | 90 600 |
| 2013 | 9 400 | 6 400 | 218.4 | 163 500 |
| 2014 | 10 400 | 6 910 | 282.6 | 213 600 |
| 2015 | 12 000 | 7 200 | 345.6 | 266 200 |
| 2016 |  |  | 484.7 | 419 900 |

### 7.3.2 乡村转型机理

基于行动者网络理论,通过问题呈现、利益赋予两个环节(图 7.8),形成以征召和动员、行动为主要环节的行动者网络(图 7.9),并通过网络的不断运行,解构西江的转型机理;解析西江从山地民族地区传统农业村寨转型为现代旅游专业村的过程,揭示西江非农产值超过农业产值以及农民收入先缓慢后迅速非农化的转型机制。

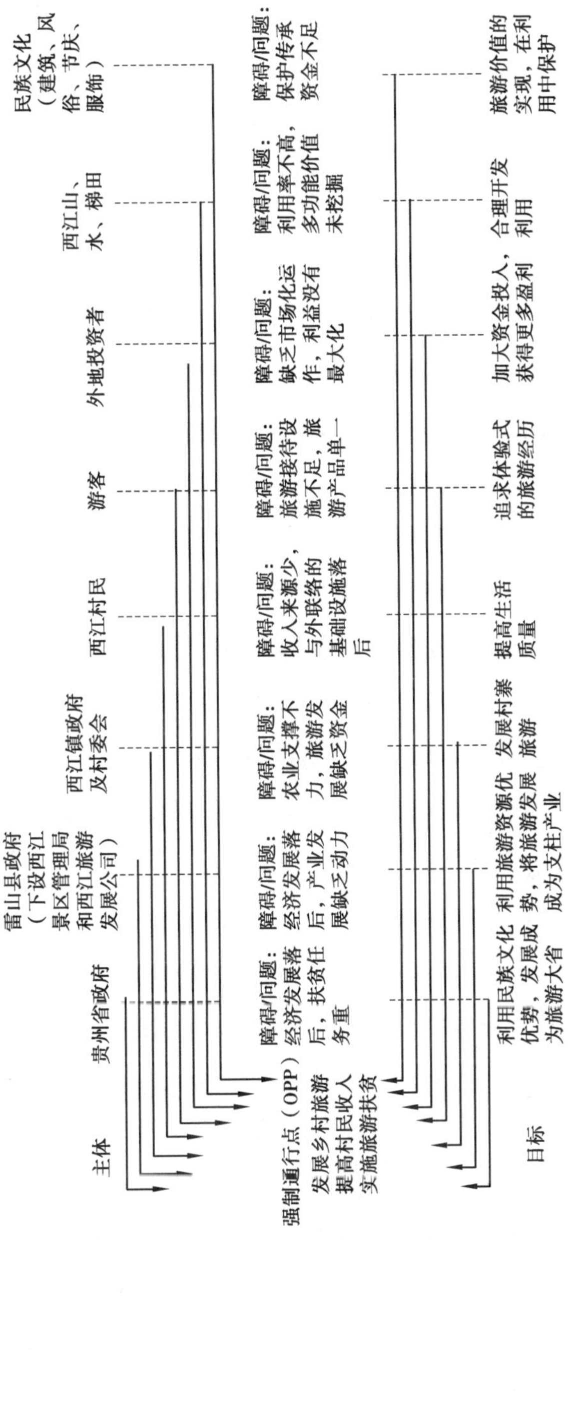

| 主体 | 贵州省政府 | 雷山县政府（下设西江景区管理局和西江旅游发展公司） | 西江镇政府及村委会 | 西江村民 | 游客 | 外地投资者 | 西江山水、梯田 | 民族文化（建筑、风俗、节庆、服饰） |
|---|---|---|---|---|---|---|---|---|
| 强制通行点（OPP） | 发展乡村旅游提高村民收入实施旅游扶贫 | | | | | | | |
| 障碍/问题 | 障碍/问题：经济发展落后，扶贫任务重 | 障碍/问题：经济发展落后，产业发展缺乏动力 | 障碍/问题：农业支撑不力，旅游发展缺乏资金 | 障碍/问题：收入未预处与外联络的基础设施落后 | 障碍/问题：旅游接待设施不足，旅游产品单一 | 障碍/问题：缺乏市场化运作，利益没有最大化 | 障碍/问题：利用率不高，多功能价值未挖掘 | 障碍/问题：保护传承资金不足 |
| 目标 | 利用民族文化优势，发展成为旅游大省 | 利用旅游资源优势，将旅游发展成为支柱产业 | 发展村寨旅游 | 提高生活质量 | 追求体验式的旅游经历 | 加大资金投入，获得更多盈利 | 合理开发利用 | 旅游价值的实现，在利用中保护 |

**图 7.8　基于行动者网络理论的问题呈现与利益赋予机制**

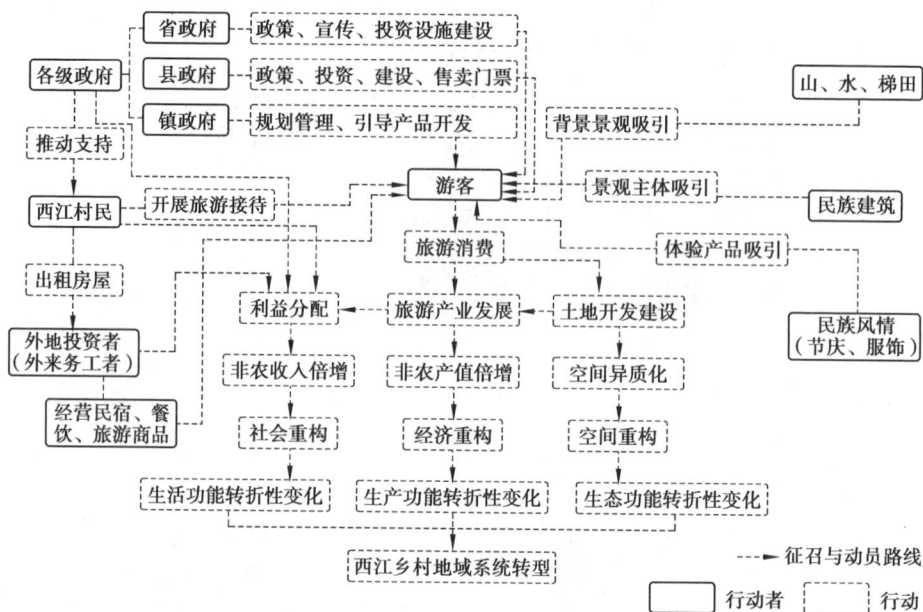

图7.9　基于行动者网络理论的征召和动员以及行动机制

工业化、城镇化、市场化等外源驱动催生了西江行动者的混杂性。工业化提升了全国的人均GDP,提高了全国人民的可支配收入,让旅游从需求动机转变为行动。城镇化让多数人进了城,但人们对"田园梦"的向往只会随着城镇化水平的提高而愈发强烈。市场化让广大游客的需求牵引着资本前进的方向。2008年,全国人均GDP超过3 000美元,达到3 313美元,全国城镇化率达到47%,通过媒体、各级政府、研究者对西江的宣传和推广,贵州省政府决定投入大量资金,响应市场需求,大力开发西江,在这一年,西江实现了10万人次的接待量向70多万人次接待量的跨越。之后,上百万的游客不断嵌入,非人类主体(山水环境、民族建筑吊脚楼、民族风情特别是节庆和服饰)对全国市场保持持续吸引力。2012年后,西江游客迎来了快速增长,2014年成为全国民族旅游村寨发展的典型,形成了"西江模式",吸引了大量的外地投资者进入西江,西江民宿迅速发展,成为外地投资者的集聚地。随着外地投资者进入,大量的外地务工人员也进入西江。2016年,西江游客超过400万人次,达到了西江旅游发展的顶峰。据此,根据行动者网络理论的对称性原则,西江行动者包括人类行动者和非人类行动者,主要包括各级政府、西江村民、游客、媒体和研究者、外地投资者、外地务工人员、西江山水田园、民族建筑、民族节庆与服饰。其中媒体和研究者以及西江吊脚楼、民族服饰、民族风情也起着举足轻重的作用,正是研究者对西江的喜爱以及媒体的不断宣传,彰显了西江的市场价值,激发游客向往西江的田园和风情,推动了贵州省政府决定大力开发西江的行动。西江大规模开发后受游客市场的持续青睐,成为全国为数不多的民族旅游村寨典范。也正是工业化、城镇化、市场化驱动了资本、游客、劳动力大量进入西江,引发西江主体混杂,进入持续的重构与转型阶段。

行动者转译过程中的问题呈现机制。转译过程是指网络行动者把其他行动者的问题与兴趣用自己的语言转换出来的过程,只有通过转换者才能与行动者建立相对稳定的关系。通过转译过程,每一个行动者的利益、角色、功能和地位都会在新的行动者网络中加以重新界定、排序、赋予。只有通过强制通行点,才能满足主要行动者最为关注的利益。转译过程主要通过问题呈现将各行动者的问题得以呈现,以征召者提出的征召来赋予利益的方式解决问题,最终形成一个强制通行点(图7.8)。对于贵州省政府来说,在工业和农业发展不具备比较优势的前提下,于1991年提出通过旅游扶贫助推落后地区的社会经济发展,于2002年提出建设旅游大省的战略目标。贵州省政府的问题是如何发挥比较优势,摆脱经济发展落后、扶贫任务重的局面;对雷山县政府而言,雷山县在1986年被评定为"国家级贫困县",县政府的主要问题是发挥民族文化资源优势,找到产业发展方向,走出经济发展落后和扶贫任务重的格局;对西江镇政府来说,西江地处雷公山脚下,山区内农业发展支撑不力,交通极度不便,旅游资源非常丰富,但缺乏资金;对于西江村民而言,青壮年劳动力外出务工,工资性收入和农业经营收入成为主要收入来源,在2005年,农民收入仅1 512元,其中农业经营收入900元,外出务工工资性收入400元,农民收入低下,生活水平不高。21世纪初,西江旅游发展初期,西江可进入性较差,从凯里进入西江需要两个小时,交通不便,旅游接待设施不完善,旅游产品单一,针对游客而言,西江基础设施和旅游接待设施过于薄弱;对于西江的非人类主体而言,优美的山水田园环境,能够承载外界的"乡村田园梦",但因为交通问题,养在深山里,环境保护作用显著,但利用率不高,多功能价值尚未实现。对于 99.5% 都是苗族人的西江来说,交通的不便保留了少数民族淳朴的风情,服饰、饮食、风俗、节庆与外界迥异,特别是木质建筑吊脚楼与山势的结合,鳞次栉比的建筑景观最早引起外界的关注,但浓郁的风情需要民族演艺和民族风情体验环节的表达,木质吊脚楼需要保护经费,少数民族工艺需要传承,均面临着保护传承经费不足的问题。

行动者转译过程中的利益赋予机制。改善区位交通、发展乡村旅游是西江利益赋予的形式,也达成了各个行动者的 OPP(图 7.8)。通过贵州省第三届旅游发展大会,各级政府集中人力、物力和财力提升西江的可进入性、利用丰富民族文化旅游资源进行旅游开发、发展乡村旅游业,以收取门票、住宿餐饮接待、旅游商品售卖、旅游演艺门票售卖等形式获利。各级政府通过前期的大量资金的投入,带动西江旅游发展并收取门票获利,当地村民通过旅游经营扩大收入来源,参与门票利益分配,后期通过房屋租赁获取大量的财产性收入;非人类主体通过演艺门票售卖以及旅游商品收入、门票收入等资金来源,加强了保护和传承。西江旅游产业得到发展,农民收入提高,各级政府推动地方摆脱经济落后和实施旅游扶贫的目标均得以实现。

征召和动员以及行动机制。为实现西江的转型发展,满足各个行动者的预期目标以及预期利益的实现,在对各个行动者进行利益赋予、排除行动障碍后,各个行动者受关键行动者的征召,采取相应的行动,完成网络的构建,网络的不断运行即为乡村重构和转型的过程,网络即是乡村转型的作用机制。在西江的旅游开发阶段,各级政府是征召动员的主体,各个行动者都被赋予相互可以接受的任务。前期,贵州省政府通过行政征召成为征召动员主体,通过第三届旅游发展大会的召开,动员了资金、人力和物力集中改善西江旅游的区位交通,解决旅游发展的接待设施问题,引导当地村民开展旅游接待,政府宣传吸引大量游客涌进西江。后期,雷山县政府下设西江景区管理局和西江旅游发展公司,开始收取门票,规划更新西江旅游产品,规范管理村民的旅游接待,成为征召与动员的主体。从2014年开始,外地投资者的进入带来大量资金,将西江旅游产品提升到深度体验和度假的层面,与雷山县政府一起成为征召的主体,通过租赁村民的房屋,将村民收入提升到一个更高的层次。针对游客而言,非人类主体一直是征召和动员的主体,非人类主体中吊脚楼和民族风情以及围绕资源展开的旅游产品设计和更新,一直是游客进入西江旅游的原动力。在征召动员过程中,除了行政征召还有景观征召、环境整治征召以及旅游接待设施完善的征召。

行动机制中的关键环节是土地开发建设、旅游产业发展、利益分配3个环节(图7.9)。省政府和县政府以行政权力为推力,多部门联动支持,将西江纳入贵州最重要的旅游盛会旅游产业发展大会的举办地行列,两级政府共投入2.7亿元进行土地开发建设以及旅游设施配套。举全省之力开发和发展西江旅游业,最先投入的是土地,用于修建凯里至西江的道路、整治白水河两岸的环境,改变农林用地性质,让村民修建更多的房屋或经营或出租给外地投资者,提升居住品质和旅游接待环境。政府为了满足旅游者需求,延长游客停留时间,通过法定的城乡规划将农林用地合规合法调整为宅基地,还将西江周边农田流转,根据游客喜好更改为稻田抓鱼等体验场所,削弱了生态环境保护作用。林地和耕地向宅基地的转换以及生态环境保护价值的下降是空间异质化的重要表现,也是空间重构引致生态功能发生转折性变化的重要作用路径;通过基础设施完善、旅游设施配套以及旅游产品的打造,西江进入旅游产业发展的良性循环,游客接待量持续快速增长。雷山县政府成立西江景区管理局、西江旅游发展公司,进行门票售卖,利用门票收入继续投入西江旅游设施建设和旅游环境的改善,改变最初"村民自发"的松散管理的旅游业发展模式,西江旅游业发展步入稳步循环阶段,逐渐发展为贵州乃至全国典型。在旅游业成为主导产业后,非农产值占比超过农业产值占比,西江经济重构引致生产功能发生转折性变化,是经济重构引发生产功能转型的主要作用路径;行动者通过不同方式参与西江旅游业的利益分配。各级政府通过门票收入、税收等参与利益分配并进行下一轮的投资。外地投资者通过投入大量资金,经营旅游民宿、餐饮、旅游商品,得益于西江较大的游客接待规模,取得良好的投资回报。当地村民通过参与旅游经营,如经营旅游餐饮、旅游商品、参与民族表演、加强对吊脚楼和环境的保护、出租房屋,均可获得可观的旅游收入。在农民收入中,旅游经营收入与财产性收入远远超过农业经营收入,非农收入超过农业经营收入,形成不同收入水平的阶层,社会关系变得更加复杂,社会重构引致生活功能发生转折性变化,也是西江社会重构引发生活功能转型的主要作用路径。

### 7.3.3 乡村转型效应

乡村地域功能是乡村人地相互作用强度的表征。整体看,西江乡村地域综合功能得到了极大提升,人类活动作用地理环境不断增强。2000 年旅游开发初期,游客接待量不到 1 万人次,人类活动强度较小,空间结构变化不大,2020 年旅游接待量超过 400 万人次,旅游产业成为主导产业,旅游收入超过 16 亿元,农民人均收入从 1 500 元上升到万元,生产和生活功能倍增带动了综合功能的倍增,其中生态功能不断减弱。人类活动日趋增强,意味着西江乡村地域功能的提升,村民获得较高的经济回报时,乡村地域的生态环境压力也日益递增,乡村环保价值日趋下降。西江非农生产功能即旅游生产功能和非农收入即旅游经营收入的上升往往伴随着乡村环境保护功能的同步下降,表明以人类活动规模为导向转向产业结构主导的人类活动结构变化,乡村地域的产业结构变化成为乡村人地关系变化的主要作用机制。回溯西江乡村转型机制,工业化、城镇化和市场化带来了乡村地域系统外部环境的剧烈变化,人口和资本加速进入西江村内,在政府政策的推动下,产业和土地的非农化更加突显,非农化的产业发展和城市化的生活方式加剧了乡村生态环境恶化,以结构和方式为主导的西江人类活动的环境负效应出现。

西江乡村地域综合功能与农本功能为"高-低"组合,乡村转型度高于90%,意味着总体发展水平很高,且非农功能已居绝对优势地位,表明人类活动作用力总体较强。立足地方资源的非农化带来了经济的聚集发展,但也带来了乡村地域环境保护功能指数呈下降趋势等环境问题。地域非农功能呈现快速扩张态势,林地与耕地向宅基地和旅游设施用地转化,对其生态环境的影响构成西江人地矛盾的主要特征。从整体趋势看,西江具有贵州转型的一般效应,以农本功能的降低为主体效应,不同的是,与城市生产功能、生活功能比较而言,西江乡村地域生产功能、生活功能呈现相对强化的趋势。西江乡村生产功能增强引致西江旅游专业村的诞生,生活功能的增强带来主体的混杂性和社会关系复杂化,生产功能与生活功能的加强导致空间效应上的流动性的加剧,遂引致土地利用性质的转化和地域异质性凸显。

## 7.4　本章小结

本章试图运用前述章节的理论成果及地理逻辑从县域层面转向村域层面探讨乡村重构与转型的规律。基本的逻辑线路是理论建设—特征分析—机制探讨—效应具象。在前述系统论"要素—结构—功能"以及人地关系地域系统理论基础上,引进行动者网络理论解译微观层面村域乡村转型机制。涉及的研究方法主要包括综合指标体系构建、民族志深度访谈、地理空间分析方法。研究表明,乡村重构与转型宏观层面的指标选择逻辑和定量测度在微观层面仍有效,但同时微观层面能够凸显宏观层面不能深度探讨的要素与结构,表现为村域经济结构要素与县域层面基本类似,但其结构形式与作用路径有村域经济固有的特征。社会重构中的社会关系复杂化以及农民收入结构对社会重构的重要性凸显;空间重构中的整体空间演变特征以耕地和林地向宅基地转化为微观逻辑。主要结论如下。

①西江乡村重构具有山地民族地区乡村非农化的典型特征。在山地民族

地区发展农业和工业不具备比较优势的前提下,旅游业成为乡村发展的重要方向,乡村旅游化成为乡村地域系统演变的重要趋势。西江乡村重构呈现明显的阶段性特征,根据旅游业发展的不同阶段,西江乡村经济重构经历了从以农户经济为主体、农业为主导产业、农业生产和外出务工为主要生计方式到集体经济为主体、旅游业为主导产业、旅游经营为生计方式再到集体经济与新经济体为主体、旅游业为主导产业、房屋租赁和旅游经营为主要生计方式的变化主线。西江乡村社会重构以农民收入结构变化为主要表征,伴随着社会主体的多元化和社会关系的复杂化。农民收入结构经历了以农业经营收入为主到旅游经营收入为主再到财产性收入为主的变化过程。西江乡村空间重构以耕地与林地向宅基地转化为主要表征,乡村聚落空间在原有面积上扩大了 5 倍,空间结构主要体现在耕地与宅基地斑块面积占比、网络通达性、景观破碎度在等点、线、面上的变化。

②以工业化、城镇化、市场化为外源驱动耦合以旅游产业发展、主体多元和收入非农化、土地开发建设为内生响应,驱动西江乡村地域转型。以外源驱动与内生响应耦合解译西江乡村转型机理。在工业化、城镇化、市场化的外源驱动作用下,引入行动者网络理论,经过问题呈现、利益赋予、征召和动员、行动 4 个环节,揭示西江乡村地域系统转型机制。外源驱动下,西江乡村地域要素相互作用方式发生变化,形成以产业发展、村寨主体、土地要素为主要环节的行动机制,产业、人口、土地等各要素的相互作用强度与方式产生变化。旅游产业成为主导产业,旅游经营收入和财产性收入超过农业经营收入。在产业结构与收入结构的变化约束下,西江的土地利用发生较大变化,宅基地宗数成倍增长,耕地和林地减少,环境保护价值加速降低,农本功能退居次要地位。经济结构、社会结构、空间结构发生巨变,引发生产功能、生活功能、生态功能发生转折性变化,西江乡村地域转型。

③山地民族地区乡村转型典型的效应是超级旅游专业村的诞生,为贵州乡村振兴指明了主要发展方向。乡村地域功能是乡村人地关系作用强度的表征,

乡村地域功能的强度表征了乡村地域人类活动作用强度。作为山地民族地区的西江,在外源驱动下,发挥山水田园与民族文化浓厚的资源优势,发展第三产业旅游业,西江乡村地域迅速非农化。西江乡村地域非农功能即以为城市居民提供消费场所的多功能价值凸显,西江转型为超级旅游专业村。超级旅游专业村的产生成为山地民族地区乡村转型的典型效应。

# 第8章 西南地区典型省域乡村振兴路径探讨

本章在前述章节讨论贵州乡村转型的数据基础上,运用 Matlab 软件中 SOFM 模型编写程序对贵州省域乡村进行功能分区,形成乡村振兴发展分区,以乡村发展定位提炼乡村振兴模式,即通过自觉转型明晰乡村发展方向;在前述章节讨论贵州乡村重构与转型的关联分析结果的基础上,提取乡村振兴关键要素,优化要素关系,以乡村重构与转型关联机制,优化功能结构,振兴发展环境,探寻西南地区乡村振兴路径。

本章研究目的是选取贵州作为西南地区的典型省域案例,将西南地区从自然地理环境与人文地理环境叠加的角度将其归类为一种地理类型区(即以山地为自然地理环境特色、以民族为人文地理环境特色的类型区),将西南地区乡村重构与转型的特征、规律、机制与中部农区或东部沿海进行对比,由于与东部沿海差异较大(东部沿海主要以乡村工业化引领乡村重构与转型),本文主要将西南地区与中部农区进行对比,梳理共性与个性。

## 8.1 乡村振兴模式

明确主导功能即发展方向是乡村振兴的基础,以主导功能关联乡村振兴模式。在乡村地域功能的基础上进行乡村振兴发展分区。在此基础上,提炼乡村振兴发展模式。贵州既是国家生态文明试验区,也是山地民族典型区域,推动城乡平衡发展是乡村振兴的目标要求,确保地域主体功能是乡村振兴的约束条件。根据前述分析,贵州经济发展相对落后,非农产值占比、乡村人口占比和农村居民可支配收入落后于全国平均水平,乡村环保功能下降都是贵州面临的主要矛盾。根据贵州地域异质性和转型非均衡性,实施地域功能分区、实现空间功能平衡是贵州乡村振兴的战略选择。借鉴相关研究成果,以贵州乡村生产功能、乡村生活功能、乡村生态功能结合三者的变化量进行乡村振兴发展分区。首先,将 2018 年贵州乡村生态功能、生活功能、生态功能指数以及 2000—2018 年三者变化率等数据标准化并转化为文本文档。其次,运用 Matlab 软件调用上述文档数据和 SOFM 相关函数编程并运行,对接贵州的县市等级划分、贵州省主体功能分区方案、《贵州省国土空间规划(2021—2035 年)》形成 4 个类型分区。最后,在 ArcGIS 中导入分区结果并自动成图。贵州乡村振兴发展分区结果见图 8.1。

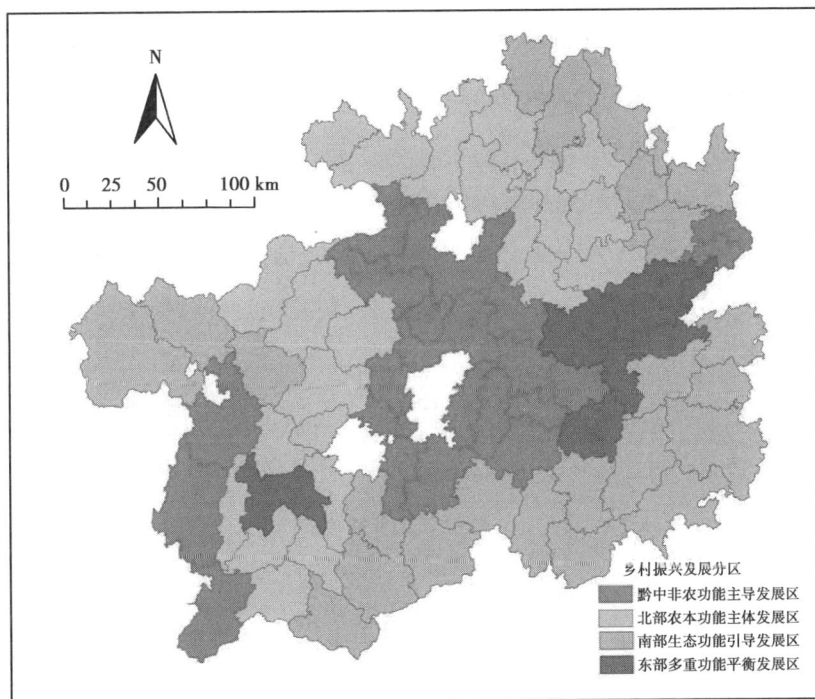

图 8.1　贵州乡村振兴发展分区

由图 8.1 可知,可以将贵州乡村发展归纳为"4 种模式",构建"黔中带动、南北支撑"的贵州乡村振兴发展格局。以沪昆通道为大致分界线,4 种模式分别对应 4 个功能分区,大致分别为黔中非农功能主导发展区、南部生态功能引导发展区、北部农本功能主体发展区、东部多重功能均衡发展区。

### 8.1.1　模式 1:非农功能主导发展模式

非农功能主导发展模式对应黔中非农功能主导发展区,主要包括黔中城市群,以贵阳市与遵义市为核心的周边县市区。从交通区位来说,是贵州历史最悠久的出省通道沪昆通道的中点与两端地区,是外源驱动的辐射节点,乡村转型起步较早,乡村转型度最高。2018 年,大部分县市乡村转型度超过 80%,非农生产功能地位突出,乡村非农产值占比高达 90% 左右,总体发展水平较高。乡村振兴发展定位为非农功能主导,发展方向为高端化和城镇化,通过自觉转型在贵阳市周边县市逐步植入非农功能,或依托良好的区位和发展基础,通过农旅融合和非农产业植入,带动其他区域的产业链条延伸和乡村三产的提质增效。

目前,该区非农功能主导发展模式主要有工业主导发展模式、农旅融合发展模式。工业主导发展模式利用贵州酒品牌及特色农业价值的非农转化,自觉转型为非农主导发展模式。比如全国百强县盘州市的岩博村,在乡村精英全国人大代表余留芬的带领下,以建设经营年产 5 000 t 的岩博酒厂"人民小酒"为突破口,从一个贫穷落后的山间小村发展成为先进的小康村,集体经济资金积累达近 1 亿元、农村居民可支配收入达 2.26 万元。盘州市以舍烹村为中心的 8 个村是农旅融合发展模式的又一典范,在回乡乡村精英带领下,发展刺梨、猕猴桃种植,利用良好的生态环境发展旅游业,成为全国"三变"改革模式的发源地,树立了贵州乡村转型发展的典型模式。贵阳市周边为城市居民提供休闲旅游场所的乌当区偏坡村、平坝区的河湾村,有的以村委会为统筹的村民自发经营,有的引进集团公司进行整体开发经营,乡村均以非农产业为主导,发展为旅游专业村;黔东南麻江县的蓝莓产业和都匀市的茶叶产品,均在农业种植的基础上提升附加价值,大力发展农业加工业,黔南都匀毛尖茶叶品牌具有一定知名度,通过非农转化促进村民增收,提升非农产值。非农功能主导发展模式从县域层面来说,均有良好的区位和社会经济发展基础;从村域层面来说,在工业化和城镇化驱动下,一般都有乡村精英或者各级政府主导发展和资金投入以市场化需求为导向的产品建设中,提高外向通达性和内部连通性,或政府主导、或企业衔接,调动当地村民的积极性,投入非农产业或农业的非农转化中,从而实现自觉转型的跨越式发展。未来发展中,应该进一步强调自身发展优势,走高端化、城镇化、集约化发展道路,巩固转型成果或者迎来更深入的二次自觉转型。

## 8.1.2　模式 2：农本功能主体发展模式

南北支撑中北部农本功能主体发展区对应农本功能主体发展模式,该区主要包括遵义和毕节耕地资源最丰富的县市以及黔西南的少部分县市,是贵州耕地面积最多的区域,土地资源相对丰富,农业生产条件相对优越。2018 年,遵义市与毕节市的农业总产值占贵州省农业总产值的 40%,乡村转型度在 65% ~ 72%。总体发展处于中等水平,但发展速度较快。乡村振兴发展定位为农本功能主导,发展方向为农业现代化和品牌化,通过政府政策引导和资金倾斜,自觉转型形成以特色农业为突破口的农业专业村,通过人口转移和土地流转,推动"双特(中药材和茶叶)"农业现代化发展和"双绿(绿色农业产地和绿色农业休闲地)"优化发展。

目前,该区农本功能主体发展模式主要有中药材特色农业发展模式和茶叶特色农业发展模式。中药材特色发展模式利用毕节作为全国中药材产地的价值进行非农转化,提升农业价值。毕节市主要种植有天麻、半夏、续断、苦参、黄柏等 60 余种中药材,中药材种植面积超 130 万亩。依托贵州乌蒙山生物医药产业有限公司的市场化作用,更多地与医药类科研院校和机构紧密联系,实现毕节市医药行业形成研、学、产和公司+基地+合作社(农户)的发展模式。大方县共种植天麻、半夏等中药材40多个品种,遍及20多个乡镇,通过"公司+农户+基地""合作社+农户+基地"的种植模式进行生产,完成天麻种植2万亩,90%以上是林下仿野生种植,涌现了羊场镇桶井村、文阁乡顺丰村、安乐乡安乐村等一批依靠种植中药材致富的典型。湄潭县依托茶叶资源禀赋,坚持政府主导、村民主体、股份合作、引智引资、创业创新,采取统一规划打造、统一资源整合、统一运营管理、统一股份分红和政府兜底基础设施的"四统一兜底"方式,探索建立"户户是股东、家家能分红"的新型农村经营模式,走出了一条"产业兴、村寨美、村民富"的茶旅一体脱贫新路子,使得茶山变金山,茶区变景区。2018年,湄潭的龙凤村、金花村等农村居民可支配收入突破30 000元,构建了茶叶特色农业发展模式。黔西南普定的食韭黄、安龙的白芨、兴仁的薏仁、镇宁的蜂糖李入选中国品牌目录2019年农产品区域公用品牌。

农本功能主体发展模式从县域层面来说,有较好的区位和农业发展基础,从村域层面来说,在工业化和城镇化驱动下,一般都有各级政府引导和企业的进入,或政府主导、或龙头企业主导,调动当地村民的积极性,投入到特色农业种植中,从而实现自觉转型的发展模式。未来发展中,应该进一步将资源优势发展成为规模优势,走现代化、特色化、品牌化发展道路,继续促进自觉转型,实现脱贫攻坚与乡村振兴的有效衔接。

### 8.1.3 模式3:生态功能引导发展模式

南北支撑中南部生态功能引导发展区对应生态功能引导发展模式,该区主要包括黔西南、黔南、黔东南的部分县市,还包括东北角与西北角的乌蒙山与武陵山等山区,是贵州生态环境最好的区域,生态功能指数最高、增速也最快的区域,森林资源丰富,交通相对不便,生态环境保护较好。2018年,乡村转型度在60%~65%。总体发展水平较低,但生态功能指数水平较高且增速较快,乡村振兴发展定位为保障生态功能不下降或上升的前提下,发展农业特色化和旅游产业化,通过政府政策引导和资金倾斜,平衡保护与发展之间的关系,走出绿水青山就是金山银山的生态引领之路。

目前,该区农本功能主体发展模式主要有生态旅游发展模式和特色农业发展模式,比如荔波县利用以喀斯特地貌为特点的世界自然遗产资源,生态旅游发展在全国享有一定知名度,带动了景区周边的村寨发展;江口发挥了武陵山脉中梵净山的生态优势,发展生态旅游,涌现了江口云舍等生态旅游村寨,提高了当地村民非农收入;毕节的威宁和赫章农业发展条件较好,黔东南的黎平等也有一定农业发展基础,特色农业发展颇具前景。但该区生态旅游发展模式一方面缺乏农业支撑,对全县的经济重构作用不显著,农业特色化发展也是刚进入初级阶段,需要政府继续引导,推动城乡要素合理流动、融合发展,探寻生态旅游发展模式和特色农业发展模式。

## 8.1.4　模式4：多重功能平衡发展模式

东部多重功能平衡展区对应多重功能平衡发展模式,该区主要由黔东南的县市构成,还包括安顺市的关岭和黔西南的晴隆,是贵州少数民族文化最浓郁的区域之一,该区乡村地域生产功能、生活功能、生态功能指数相对均衡,且大部分县市的功能指数处于全省最低水平,全省的生态环境相对较好,生态功能虽然绝对值不低,但在省内还处于最低行列。2018 年,大部分县市乡村转型度在 58% ~65%。总体发展水平最低,但是贵州少数民族最浓郁的区域之一。乡村振兴发展定位为以山地民族的优势,着力推进旅游产业化与三产融合发展。通过政府政策引导和资金倾斜,促进自觉转型,夯实特色农业基础,推动乡村旅游发展。

目前,该区农本功能主体发展模式主要有乡村旅游发展模式和特色农业发展模式。作为山地民族地区少数民族最浓郁的地区之一,有条件利用优势的资源发展成为贵州最具吸引力的民族旅游村寨。比如雷山县的西江苗寨,在第 7章中详细阐述了西江的重构特征与转型机制。从村域层面来说,西江村的发展是贵州民族旅游发展的最典型模式,将提升当地村民非农收入的潜力发挥到了极致。但从县域层面来说,由于旅游缺乏产业化推动,对全县发展的带动有限,对全县的经济重构推动有限,综合功能指数不高,属于低水平转型区。从县域层面出发,发展乡村旅游,应夯实特色农业基础,走旅游产业化发展道路,发展集群化民族村寨旅游。

# 8.2 乡村振兴路径

## 8.2.1 乡村振兴主控要素

从贵州县域的乡村重构特征和转型的影响因素可知,外源驱动以工业化、城镇化为主,内生响应以经济重构为主,乡村地域系统乡村人口占比相对于中东部高出许多,工业与农业的发展也显著落后于中东部地区,组成经济结构的相关要素仍然是主控要素。从贵州村域重构特征和转型机理来看,山地民族地区第三产业的旅游业发展具有巨大的比较优势,有利于增加农村居民可支配收入,此外如依托贵州特色产业酒的生产及茶叶、刺梨、核桃等的种植与加工,实施农旅融合发展的村寨,也是重要的发展方向之一。据此,从县域层面来说,工业化与城镇化是外源驱动的主控要素,经济重构是内生响应的主控要素。对于贵州相对地域生产功能而言,非农生产功能主控要素为城镇人口占比、城镇建设用地占比、第三产业产值占比、工业产值占比,农本功能的主控要素为农业产值占比和农民收入占比。对于贵州乡村地域生活功能来说,三产从业人员占比、三产产值占比、农业劳动占比、农民收入占比是主控要素。对于贵州乡村地域生态功能而言,非农就业占比、景观连通度、三产从业人员占比、城镇人口占比是主控要素。

据此,黔中非农功能主导发展区为高水平乡村转型区,主控要素为城镇人口占比、城镇建设用地占比、第三产业产值占比、工业产值占比。北部农本功能主体发展区为乡村快速转型发展区,主控要素为农业产值占比、第三产值占比、农民收入占比。南部生态功能引导发展区为中等水平乡村转型区,主控因素是非农就业占比、景观连通度、三产从业人员占比、城镇人口占比。东部多重功能平衡发展区为低水平乡村转型区,主控要素是三产从业人员占比、三产占比、景观连通度和农民收入占比。由此可见,贵州社会经济发展的相对落后引致贵州乡村地域系统的重构特征有别于中东部地区,农业和工业发展相对落后,非农产值相对较低,乡村人口占比相对较高,相关产业发展和农村居民可支配收入的提升成为乡村振兴的重中之重。这也与贵州省委、省政府提出"新型工业化、新型城镇化、农业现代化、旅游产业化"的战略及贵州发展实际相符。

## 8.2.2　乡村振兴实施路径

　　贵州乡村振兴的实施路径选择应通过乡村要素重组、结构重塑来推动地域功能优化。区别于以主导功能关联性归纳乡村振兴发展模式,提取乡村振兴关键要素,在此基础上,着重内部关联分析,从而优化乡村地域功能,以外部因素影响分析来优化乡村振兴的外部发展环境。外源驱动与内生响应推动的贵州乡村转型效应主要表现为生产生活功能相对变化致使城乡差距扩大和生态功能的相对下降,农本功能的主体地位显著下降。乡村振兴实施路径的主要逻辑为通过重组乡村地域系统要素及结构实现乡村地域功能优化和强化。通过前述章节中乡村转型机制的多元线性回归模型,提炼主控要素,贵州乡村地域系统的主控要素主要包括城镇化、工业化与经济重构,据此以城镇化带动和工业化转化推动城乡要素合理流动、融合发展,以经济重构为基础重组贵州乡村地域系统要素、重塑系统结构成为贵州乡村振兴的必由之路。结合转型特征和发展方向明晰分区实施重点,明确贵州乡村振兴的战略选择。贵州乡村振兴分区实施路径如表8.1所示。

表8.1 贵州乡村振兴分区特征及实施路径

| 分区名称 | 主控要素 | 转型特征 | 发展方向 | 实施重点 |
|---|---|---|---|---|
| 黔中非农功能主导发展区 | 城镇人口、城镇建设用地、第三产业产值、工业产值 | 高水平转型区，非农功能优势显著 | 非农功能主导：新型工业化、城镇化 | ①高端化，优化产业布局，强化大数据引领，以产业链延伸和农产非农化和乡村旅游化带动乡村振兴；②城镇化，优化城镇乡镇布局，强化制度创新，发挥黔中城市群的聚集经济和吸纳人口为乡村振兴创造条件；③集约化，坚守耕地红线，一二三产示范规模经营，以稳定农业生产和非农产业支持实现地域主体功能 |
| 北部农本功能主体发展区 | 农业产值、农民收入、第三产业产值 | 快速转型区，农业功能基础相对较好 | 农本功能主导：农业现代化 | ①现代化，突出农业底色，坚持农业现代化，以三产融合拓展农业功能，提升农业效益；②特色化，主攻特色农业，打造绿色产业，以茶叶、中药材、有机蔬菜带动乡村振兴；③品牌化，引入龙头企业，着力品牌建设，以农业提质增效提升涉农收入功能 |
| 南部生态功能引导发展区 | 非农就业、交通度、三产从业人员、城镇人口 | 中等水平转型区，生态功能基础非常好 | 生态功能主导：旅游产业化 | ①特色化，挖掘特色资源，打造特色产业，以农林、农旅结合建设带动乡村振兴；②绿色化，强化环境督察和生态保护，以建设绿色宜居区优化乡村人居环境；③旅游化，发展生态旅游，利用世界自然遗产和良好的生态资源，适度发展生态旅游，提升农民非农收入 |
| 东部多重功能均衡发展区 | 三产从业人员、三产占比、农民收入、景观连通度 | 低水平转型区，多重功能相当且维持在较低水平 | 多重功能均衡：旅游产业化、三产融合 | ①多样化，以农业为基础，坚持泛农发展，以农旅融合拓展农业功能，大力发展涉农收入；②旅游化，提升三产占比，提升涉农收入优势，大力发展旅游业，着力提升非农收入；③集群化，以高A级旅游景区或者城镇村为集聚核心，发挥旅游资源优势，实现民族旅游村寨集群化发展 |

黔中非农功能主导发展区的主控要素为城镇人口、城镇建设用地、第三产业产值、工业产值。通过重组乡村要素,突出主控要素,引导其作用方式,推动地域功能优化,突出工业化和城镇化的外源驱动作用,以发展非农主导功能为主要发展方向。以"高端化、城镇化、集约化"为实施重点,以工业发展引导乡村振兴、以农业现代化引导乡村振兴、以城郊旅游化引导乡村振兴为主要实施内容。仁怀市、盘州市、清镇市、平坝区(贵安新区部分)等县市突出以工业发展吸纳农业人口、实行非农转化的乡村振兴路径。长顺、惠水、平坝区、麻江等县市倡导以农业现代化引领乡村振兴,这一区域是贵州相对平坦的地带即坝子的两大分布带之一,农业现代化和机械化的发展条件较好,走集约化的农业发展道路,提升农产品附加值,大力发展农业加工业;龙里、开阳、修文等县市着力发展城郊旅游业,以黔中城市群的贵阳市、都匀市、凯里市、遵义市为客源市场,大力发展休闲旅游业,为城市提供消费与休闲场所,走旅游产业化发展道路。

北部农业功能主体发展区的主控要素分别为农业产值、农民收入和第三产业产值。通过重组乡村要素,突出主控要素,引导其作用方式,推动地域功能优化,实施农业现代化的乡村振兴路径,以发展农本功能为主要发展方向,着力探讨多功能农业发展路径。以"现代化、特色化、品牌化"为实施重点,发挥遵义市和毕节市作为全省耕地面积最多的地级市的资源优势,同时也是贵州两大连片坝子分布地之一,发展现代农业,立足全省十二大特色农业定位,突出农业底色,坚持三产融合,拓展农业功能、提升农业效益,着力增加农村居民可支配收入。立足本土企业,引进龙头企业,挖掘毕节各县市的中药材资源优势和遵义种植茶叶的基础,利用良好的生态环境,开展有机、绿色、无公害品牌培育;发挥黔西南部分县市林下种植优势以及夯实薏仁种植基础,主攻菌菇产业,大力实施农业现代化和农旅融合战略,提升涉农收入功能推动乡村振兴。

南部生态功能引导发展区的主控要素分别为非农就业、景观连通度、三产从业人员与城镇人口。从主控因素可以看出,该区工业和农业均处于相对落后的状态,主要位于南部和贵州东北、西北、西南、东南 4 个角与外省交界处,加强空间单元之间和内部的连通性显得非常重要,事实上,在山地地区,交通的连接较难,以及伴随的物流、资金流、信息流的流通比较缓和,都是最后打通的区域。

但同时这一区域是生态功能指数最高增速最快的区域,是贵州成为国家生态文明试验区的根本所在。应处理好保护与发展的问题,在保护的前提下进行开发与发展,坚守生态与发展的底线,加强生态保护和环保督察;以"特色化、绿色化、旅游化"为实施重点,在保护的基础上挖掘特色资源,打造特色产业,以农林、农旅结合建设带动乡村振兴;利用世界自然遗产和良好的生态资源,适度发展生态旅游,提升农民非农收入。

东部多重功能均衡发展区的主控要素分别为三产从业人员、三产占比、农民收入、景观连通度。该区生产功能、生活功能、生态功能相对均衡且处于贵州最低水平状态,主要分布在黔东南州。从重组系统要素,突出主控要素作用,推动地域功能优化,需要从振兴农业基础、发展第三产业特别是旅游业的角度切入,加强交通建设、促进物流、资金流、信息流以及人才的流通,提升景观连通度,以"多样化、旅游化、集群化"为实施重点,奋力提升该区农村居民的可支配收入,以提升涉农收入为基础,提升非农收入为主要方向,促进该区乡村振兴。以农业为基础,坚持泛农发展,以农旅融合拓展农业功能,提升涉农收入;凸显生态与民族文化优势,大力发展旅游业,提高三产占比,吸纳农业人口转化为三产从业人员,着力提升非农收入;以高 A 级旅游景区或者城区为集聚核心,发挥旅游资源优势,实现民族旅游村寨集群化发展,最终达到优化地域功能、推动乡村振兴的目的。

# 8.3　相关政策启示

西南地区乡村重构与转型有属于这一类型区的个性特征,也有与其他类型区的共性特征。一方面,中国西南地区乡村重构、转型与中部农区不尽相同。从乡村重构特征来看,西南地区的空间分异相对显著,山地对外源驱动作用起延缓作用,低值区占比相对较大。经济—社会—空间重构均衡型为现阶段乡村重构主流模式,空间重构贡献率相对较大,表明西南地区政策导向作用明显。与之比较,中国中部农区空间分异相对均衡,经济—社会重构主导型仍是现阶段乡村重构主流模式。从乡村转型时序和效应来看,西南地区乡村转型晚于中部农区。从水平上来看,西南地区乡村转型度低于中部农区。从效应看,西南地区人口流出与回流并存,产生了以山地民族为基础的超级旅游专业村,而中部农区主要表现为人口与就业的域外迁移,农本功能的技术性提升引发生态环境恶化的环境效应显著。另一方面,西南地区与中部地区乡村重构与转型存在共性特征。外源驱动与内生响应比较,外源驱动起主导作用,内生响应是重要影响因素。地方中心城镇、主要交通干道等是外源驱动作用乡村重构的重要媒介。乡村转型效应均表现一定程度的非农化即农本功能的显著下降及生态功能的逐步下降。因此,其政策启示的提炼是在共同的目标引导下,即重点提升乡村地域生产功能、根本提升乡村地域生活功能、关键提升乡村地域生态功能的方向约束下,在审视西南地区与中部农区的共性特征的基础上,着重突出培育西南地区乡村发展新动能(立足于山地民族地区的特色乡村旅游发展),引导西南地区实施有别于东部和中部的乡村振兴路径(表8.2)。

表 8.2　西南地区与中部农区乡村重构与转型比较

| 地区 | 乡村重构特征 | 乡村转型度 | 乡村转型效应 | 乡村振兴路径 | 共性特征 |
|---|---|---|---|---|---|
| 西南地区 | 空间分异显著,山地对外源驱动作用乡村重构起延缓作用,为低值区聚集区;空间重构贡献率较大,政策导向作用明显 | 大部分县市乡村转型时间在 2005 年以后 | 以民族文化为导向,人口回流,超级旅游专业村诞生 | 以特色农业与乡村旅游为主导,培育乡村发展新动能 | 城市与交通是外源驱动作用乡村重构的重要媒介;乡村地域非农化显著,农本功能退居次要地位、生态功能下降;提升乡村地域生产、生活、生态功能是实施乡村振兴路径的关键 |
| 中部农区 | 空间分异相对均衡,经济重构、社会重构、空间重构贡献率呈交替变化 | 大部分县市乡村转型时间在 2000 年左右 | 非农功能的环境效益显著,人口流出,农本功能的技术性提升引发生态环境恶化 | 突出农本底色,加强农产非农化、推动绿色发展 | |

### 8.3.1 启示1:产业兴旺是重点,乡村振兴应重点提升乡村地域的生产功能

乡村振兴,产业兴旺是重点。中国最大的发展不充分,是农村发展不充分。产业兴则百业兴,产业兴旺是乡村多元经济相互渗透、融合、发展的一种状态。产业兴旺既要满足人们对经济效益的追求,更要满足农民自身对美好生活的需要。乡村振兴应重点提升乡村地域的生产功能,以农业为基础,提升农业发展质量,培育乡村发展新动能。通过优化乡村地域系统内经济结构要素关系,发挥整体优势,振兴乡村产业,提升乡村地域生产功能。积极培育乡村农产品深加工、乡村文化和旅游等服务产业等新动能。不同的产业和不同的产业结构需要不同比例和方式的资本、劳动和土地等要素的投入,通过重组要素、重塑关系,优化和强化乡村地域生产功能,促进乡村地域生产功能的提升。针对西南山地民族地区而言,乡村生产、生活功能相对落后,生态功能水平比中东部地区要高,农业和工业发展比较优势相对不明显,需要各级政府政策与资金的引导,为西南山地民族地区生产功能的提升提供政策保障,贵州空间重构指数相对较高,说明在实践发展过程中,已经证明政策引导对贵州乡村重构的重要性。山地民族地区土地相对贫瘠,相比较中东部地区的平原农区,缺乏发展规模农业的基础,应发挥资源的相对优势,赋能特色农业,延伸产业链,走三产融合发展道路,是西南山地民族地区提升农业发展质量的核心。贵州县域和村域的重构特征与转型机理与效应表明,培育乡村发展新动能的重要路径即是利用乡村良好的生态环境和民族文化底蕴,发展乡村旅游,极大发挥西南山地民族地区的比较优势。

对西南地区政策的引导与支持是提升生产功能的保障。从贵州县域重构过程来看,与中东部地区一致的地方在于空间重构,伴随经济与社会重构,出现一定的滞后性,贵州空间重构随着国家政策的变化而变化,在贵州乡村重构过程中发挥较大的作用。从贵州典型村域重构过程来看,西江村重构从量变走向

质变,政府在这个过程中扮演了非常重要的角色,甚至是主要推动力。西南山地民族地区,由于长期处于全国工业化和城镇化的边缘地带,山地环境造成了乡村内部与外部联通的成本较高,叠加少数民族自给自足、满足感和幸福感相对较高的生活习惯,多年来发展处于全国落后水平。因此,西南山地民族地区需要充分连接全国的工业化和城镇化以及创新化发展,加强山地民族地区乡村地域内部和外部的联通,需要国家和政府给予充分引导和资金政策的支持。贵州从 2015 年以来,奋力改善高速、高铁、机场的基础设施条件,贵州乡村地域重构速度加速、程度加剧,研究表明工业化、城镇化、市场化等外源驱动因素扩散非农功能的主要媒介是交通干线,由此形成较强的人类活动干扰。下一步,各级政府对资金和人才(龙头企业)给予充分的支持,山地民族地区才能实现脱贫攻坚与乡村振兴有效衔接,搭建东西部充分合作与交流的平台,为提升山地民族地区乡村地域的生产功能提供资金、人才与政策保障,与全国同步走向共同富裕的道路。

赋能特色农业是西南地区提升农业发展质量的核心。一方面,发展特色农业是山地民族地区提升农业发展质量的方向和提高农民收入的重要途径。西南山地民族地区工业与农业发展的相对落后致使相对原生态的环境得以保存下来,良好的生态环境是发展特色农业和应对食品安全问题的有效良方。因为有污染相对较少的环境,多年前就有一线城市在贵州购买定制大米,看中相应的田块,委托当地人种植大米,丰收时再以高出市场价数倍的价格购买。对于山地民族地区来说,规模化、专业化的农业不会是促进乡村产业兴旺和农民增收的有效措施。根据地理环境,因地制宜发展特色农业,比如在贵州发展茶叶、中药材、有机和绿色蔬果、食用菌等,不走规模取胜而是以品质取胜的道路。另一方面,要从产业链延伸、产业融合、产业功能拓展的角度培育特色农业品牌。农业产业链延伸是指农业向农业生产的产前、产后环节延伸。向产前延伸,包括农资的生产与经营环节。向产后延伸则涵盖贮存、加工、运输销售等环节。比如贵州将刺梨制成原汁、刺梨果冻、刺梨果汁和刺梨酒,增加农业附加值和加强非农转化,切实提高现代农业产值占比。产业融合可以在农业内部如种养殖业的融合,基于贵州山地民族地区有较长稻鱼共养历史,形成稻鱼共作的有机循环农业,中国科学院已经在贵州从江成立了稻鱼共作的研究机构;产业融合也可以体现在农业与非农业之间,如乡村旅游与电商农业;将农业与乡村的各类产业要素实现融合,构成一二三产融合的立体产业体系,发展山地民族地区品牌农业,切实提高农业发展质量,提升西南山地民族地区乡村地域的生产功能,以农为本,达到产业兴旺的目标。

乡村旅游是山地民族地区培育乡村发展新动能的重要路径选择。乡村旅游的发展因其对乡村经济的增长、就业机会的增多、农民收入的增加具有促进作用,决定了其在乡村发展中的独特功能。大量的实践与研究证实了乡村旅游是推进产业融合的典型产业业态,能较好地衔接乡村振兴,是推动乡村振兴的主要路径之一。国外乡村重构的研究中也突出了乡村旅游作为乡村产业发展要素对乡村地域系统结构重塑的重要作用,贵州西江村的个案研究也充分表明了在西南山地民族地区乡村旅游激发了以山地为本底的自然地理环境和以民族文化为特色的人文地理环境的比较优势,发展成为像东部一样以乡村工业化(旅游化)为支撑的"超级村庄(村寨)",获得了全国知名旅游专业村的美誉。据此,乡村旅游是西南地区乡村重点振兴的产业,坚持旅游专业村发展导向,发挥生态与民族文化的比较优势,发展乡村旅游产业就是培育山地民族地区乡村发展最大的新动能,可以切实提高非农产值占比,优化乡村地域功能结构,很大程度上提升乡村地域功能强度。

## 8.3.2　启示2：生活富裕是根本，乡村振兴应根本提升乡村地域的生活功能

乡村振兴,生活富裕是根本。生活富裕是农村居民最关心的利益问题之一,是"以人为本"的乡村振兴战略的最终评价标准。乡村振兴的立足点和出发点是让农民过上生活富裕的好日子,提高农民的生活水平与生活质量。同时,

生活富裕也要求农民能够参与到农村社会经济发展的过程中,确保让农民成为乡村振兴的直接受益者。乡村地域的生活功能映射了农村居民可支配收入的核心要素,据此,乡村振兴应根本提升乡村地域的生活功能,即提高农村民生保障水平,塑造美丽乡村新风貌。针对西南山地民族地区而言,提升乡村地域生活功能,首先要坚持以农民为主体,才能有效地将农民组织起来,对接国家资源,将国家资源转变为自己建设美好生活的能力,同时激发农民的内生动力,为乡村振兴提供组织条件;其次是提高农村居民可支配收入的主要途径,加强农业价值的非农转化和提高农民非农收入,让农民充分参与到乡村社会经济发展中,并保障其能够充分享受发展带来的红利;最后是在西南山地民族地区,塑造美丽乡村新风貌必须根植于当地的民族文化,文化成为新风貌形成的基石,运用民族文化来彰显乡村风貌的独特魅力。

坚持以农民为主体,为乡村振兴提供组织条件。通过制度和资源来组织与动员广大农民成为乡村振兴的主体。首先,将农民组织起来可以更好地对接国家资源。以前国家大量资源下乡并没有真正激活乡村社会,解决农民问题,满足农民诉求,反而在一定程度上加剧了农村社会的不满。因此,通过农村集体经济和土地制度将农民组织起来,国家资源可以更好下乡促进农民增收,逐渐达到生活富裕的目的。在贵州西江 2008 年成立西江景区管理局和西江旅游发展公司后,虽然初期由于方式不当引发了一些矛盾,但通过将农民组织起来更好地对接了国家资源,西江村实现了质的飞跃,农民收入得到极大提升。其次,将农民组织起来,以农民为主体,让农民自己建设自己的美好生活,是乡村振兴的基本前提与条件。乡村振兴战略实施需要坚持农民主体地位、尊重农民主体意愿、发挥农民主体作用,有利于巩固乡村内生主体基础。只有充分发挥农民的主体性和积极性,让不同的农户家庭根据其不同的特点各司其职,才能实现真正的生活富裕。最后,要发挥农民主体中中坚农民的作用。中坚农民具有权威性、内生性、公共性等特征,再造于乡村内部,发展适度规模经营,有一定经济积累和善于面向市场的中坚农民,具有组织起普通农户、联结农业经营多元主体以及构建自发互助合作机制等经济和社会层面的功能，成为乡村有效治理的内生主体基础。新时代推进乡村振兴战略，应以中坚农民为主体作为不同发展道路的"接点"。

加强农业价值的非农转化、提升农民非农收入，是乡村民生保障的根本。生活富裕是对农民生活质量的动态与静态考量。农村居民可支配收入总量上实现达标与持续增加以及差距的缩小是重要的考量标准，生活品质的提升亦是生活富裕的直接体现。生活富裕的三维统一都需要提升农村居民可支配收入，提升农民收入很大程度上提升了乡村地域的生活功能。从贵州县域尺度及村域尺度重构都可以得出，提升乡村地域生活功能有两种途径：一是加强农业价值的非农转化，即提升农产品的附加价值，如进行农产品深加工和倡导农旅融合发展；二是提升农民的非农收入，即发展乡村服务业，对于西南地区而言，使农民非农收入倍增除了外出务工，发展乡村旅游业还是提升农民非农收入的有效途径，这已经在村域个案雷山县西江村的研究中得到充分证实。

推动民族文化传承是塑造西南地区美丽乡村新风貌的基石。乡村文化传承不畅、亟待保护，基础文化设施"建、管、用"失衡，文化建设缺乏长远规划、生命力不足，人才匮乏、队伍建设青黄不接等情况仍然存在，制约着乡村文化的健康发展。对于西南地区而言，乡村文化的主要内涵即为民族文化。贵州具有多彩的民族文化，多梯度、复合型山地自然环境以及民族村寨、民族文化以及世界级、国家级非物质文化遗产相得益彰，苗侗、仡佬族、水族、布依族以及毛南族等少数民族文化璀璨绚烂，积极开发民族村寨观光、民族文化演艺、特色生活体验、民族美食餐饮、民族体育赛事等旅游产品；依托苗族古歌、侗族琵琶歌、侗族大歌、铜鼓十二调、苗绣、侗绣、水族马尾绣等国家级非物质文化遗产，大力开发民族手工艺品、特色旅游纪念品等旅游商品。推动民族文化传承，不仅能促进乡村旅游业的发展，提升农民的非农收入，弘扬中华传统文化，还能在乡村旅游业发展过程中塑造山地民族地区名乡村新风貌，改善和保护生态环境和居住环境，切实提升山地民族地区生活品质。

### 8.3.3 启示3：生态宜居是关键，乡村振兴应关键提升乡村地域的生态功能

乡村振兴，生态宜居是关键。生态宜居是吸引乡村劳动力回流、实现可持续发展的关键。乡村产业兴旺能吸引相关要素流入乡村，但只有生态宜居才能确保乡村留住优质劳动力、乡村精英。生态文明需要以生态宜居作为前提，拒绝以破坏生态环境换取产业兴旺、生活富裕的发展路径。因此，乡村振兴应关键提升乡村地域的生活功能。针对西南山地民族地区特别是贵州，提升乡村地域生态功能，合理有效利用土地是确保贵州生态主体功能的基本前提。西南山地民族地区生态功能水平较高的地区往往乡村重构指数较低，在生态保护前提下，提高景观连通度，是实现生态价值转化的桥梁。既要保护好生态环境、保障其生态主体功能，又要适度实现生态价值的转化，优化当地乡村地域系统功能结构，从而实现乡村振兴。

#### 1）合理有效利用土地是确保西南地区生态功能的基本前提

土地利用是社会经济发展的一面镜子，两者相互作用、相互影响。贵州西江村村域乡村空间重构过程与特征表明，耕地与宅基地是乡村土地利用的关注重点，耕地与宅基地的土地利用形态的转变以及两者的耦合表明土地利用转向的前期表现为耕地减少、宅基地的增加，两者呈显著负相关关系。耕地、林地与宅基地的合理转化，坚守耕地红线，建立合理的土地流转机制，通过土地整合高效组织农民，是确保生态主体功能的基本前提，也是提升生态功能的重要途径。

#### 2）提高景观连通度是西南地区实现生态价值转化的桥梁

对于山地地区而言，景观连通度代表当地乡村内部空间组织与外部空间关联的连接程度，西南山地民族地区乡村发展处于相对落后的境地，正是山地环境对景观连通度提升造成了障碍。贵州县域与村域的乡村重构过程都表明了景观连通度的重要性。贵州4个角落与其他省交界区域是四大山系的所在地，

也是乡村重构低水平区域,山地环境对乡村重构的外源驱动因素在某种程度上具有阻碍作用。因此,加强生态环境较好区域生态价值的转化,提升环境保护价值不高的区域生态功能的途径是提高景观连通度,强化流通功能,在保护的前提下提升山地区域的生态的多功能价值,实现绿水青山就是金山银山的价值转换。

### 3)促进绿色发展,打造人与自然和谐共生发展新格局

绿色发展是在资源环境承载力的约束下,将环境保护作为社会经济发展的基本前提,把实现可持续发展作为绿色发展的目标,以"绿色化""生态化"为主要内容。对于以生态为主体功能的西南山地民族地区而言,倡导绿色发展是打造人与自然和谐共生发展新格局的关键路径。贵州作为国家生态文明试验区,在保持良好的生态环境的基础上,在保障生态功能提升的前提下,通过发展生态旅游以及绿色产业,在中央生态环境保护督察制度运行下,兼顾生态和发展,和谐为本,推动贵州等西南地区人与自然和谐共生。

## 8.4　本章小结

本章试图基于前述章节理论探讨和案例研究探寻贵州乡村振兴的路径,其理论基础是乡村地域功能变化能够融贯乡村重构、转型、振兴。具体逻辑线路是"乡村主导功能—乡村振兴模式—系统主控要素—乡村振兴路径—主要政策启示"。主要结论如下。

①在贵州乡村地域功能分区的基础上提炼 4 个不同主导功能区,立足主导功能关联性归纳得出四种贵州乡村振兴发展模式。运用 2018 年贵州乡村生产功能、生活功能、生态功能指数以及 2000—2018 年三者变化率构建 SOFM 模型,结果表明贵州乡村地域功能分区可分为 4 个功能区,即 4 种不同模式,包括非农功能主导发展模式、农本功能主体发展模式、生态功能引导发展模式、多重功

能均衡发展模式。非农功能主导发展模式主要有工业主导发展模式、农旅融合发展模式；农本功能主体发展模式主要包括"双特"农业现代化发展模式；生态功能引导发展模式主要包括生态旅游发展模式、特色农业发展模式；多重功能均衡发展模式主要包括民族旅游发展模式、三产融合发展模式。

②识别贵州乡村地域系统的关键要素，结合乡村转型特征，贵州乡村振兴的实施路径为构建"黔中带动、南北支撑"的发展格局，不同的乡村振兴分区有不同的实施重点。黔中非农功能主导发展区位于黔中城市群，以黔中乡村地域为核心，带动北部、南部以及东部乡村地域产业链延伸和农业现代化。识别关键要素、优化要素关系是乡村振兴的必由之路。黔中非农功能主导发展区以城镇人口、城镇建设用地、第三产业产值、工业产值为主控因素，以"高端化、城镇化、集约化"为实施重点，以工业发展引导乡村振兴、以农业现代化引导乡村振兴、以城郊旅游化引导乡村振兴为主要实施内容。北部农业功能主体发展区以农业产值、农民收入和第三产业产值为主控要素，以"现代化、特色化、品牌化"为实施重点，实施农业现代化的乡村振兴路径，着力探讨多功能农业发展路径。南部生态功能引导发展区以非农就业、景观连通度、三产从业人员与城镇人口为主控要素，以"绿色化、特色化、旅游化"为实施重点，以农林、农旅结合建设带动乡村振兴。东部多重功能均衡发展区以三产从业人员、三产占比、农民收入、景观连通度为主控要素，振兴农业基础、发展第三产业，特别是旅游业，推动东部乡村地域功能优化。

③政府政策对乡村振兴"具有关键性的影响"，西南地区乡村振兴政策应向大力提升乡村地域的生产功能、生活功能、生态功能方面倾斜。产业兴旺是重点，提升农业发展质量，培育乡村发展新动能是重点提升乡村地域生产功能的主要途径，对于贵州而言，农业特色化、乡村旅游化、三产融合化是提升贵州乡村地域生产功能的主要内容。生活富裕是根本，提高农村民生保障水平，塑造美丽乡村新风貌是根本提升乡村地域生活功能的关键环节，通过农业特色化提高农民的农业收入，通过发展第三产业即旅游业提升农民的非农收入，是农村

民生保障得以实现的根本,推动民族文化传承是塑造山地民族地区美丽乡村新风貌的基石;生态宜居是关键,推动乡村绿色发展,打造人与自然和谐共生发展新格局是关键提升乡村地域生态功能的重要方向,对于贵州来说,合理有效利用土地、提高景观连通度、发展绿色产业,是巩固和提高贵州乡村地域生态功能、推动国家生态文明试验区建设的有效措施。贵州乡村振兴应重点提升乡村地域的生产功能、关键提升乡村地域的生态功能。

# 参考文献

[1] 熊俊楠, 李进, 程维明, 等. 西南地区山洪灾害时空分布特征及其影响因素[J]. 地理学报, 2019, 74(7): 1374-1391.

[2] 高延超, 何杰, 陈宁生, 等. 四川省山区城镇山洪灾害特征分析[J]. 成都理工大学学报(自然科学版), 2006, 33(1): 84-89.

[3] 朱林富, 谢世友, 杨华, 等. 基于 MODIS EVI 的重庆植被覆盖变化的地形效应[J]. 自然资源学报, 2017, 32(12): 2023-2033.

[4] 张绍云, 周忠发, 熊康宁, 等. 贵州洞穴空间格局及影响因素分析[J]. 地理学报, 2016, 71(11): 1998-2009.

[5] 陶云, 唐川, 段旭. 云南滑坡泥石流灾害及其与降水特征的关系[J]. 自然灾害学报, 2009, 18(1): 180-186.

[6] 童恩正. 近年来中国西南民族地区战国秦汉时代的考古发现及其研究[J]. 考古学报, 1980(4): 417-442.

[7] 贵州通史编委会. 贵州通史(清代的贵州)[M]. 北京: 当代中国出版社, 2003.

[8] 郭远智, 周扬, 刘彦随. 贫困地区的精准扶贫与乡村振兴: 内在逻辑与实现机制[J]. 地理研究, 2019, 38(12): 2819-2832.

[9] 王永生, 文琦, 刘彦随. 贫困地区乡村振兴与精准扶贫有效衔接研究[J]. 地理科学, 2020, 40(11): 1840-1847.

[10] 杜侠. 浅谈贵州民族文化的对外传播[J]. 贵州民族研究, 2016, 37(12): 141-148.

[11] 笪玲. 贵州民族村寨旅游扶贫研究[D]. 成都: 西南民族大学, 2020.

［12］陈志永. 西江苗寨旅游业可持续发展现状调查与研究［J］. 贵州教育学院学报，2009，20（9）：27-32.

［13］姚丽娟，黎莹. 贵州西江"千户苗寨"现状与发展调查报告［J］. 中央民族大学学报（哲学社会科学版），2007，34（3）：141-144.

［14］乌杰. 系统哲学［M］. 北京：人民出版社，2008.

［15］常绍舜. 从经典系统论到现代系统论［J］. 系统科学学报，2011，19（3）：1-4.

［16］魏宏森. 钱学森构建系统论的基本设想［J］. 系统科学学报，2013，21（1）：1-8.

［17］魏宏森，曾国屏. 系统论的基本规律［J］. 自然辩证法研究，1995，11（4）：22-27.

［18］吴传钧. 论地理学的研究核心：人地关系地域系统［J］. 经济地理，1991，11（3）：1-6.

［19］吴传钧. 人地关系地域系统的理论研究及调控［J］. 云南师范大学学报（哲学社会科学版），2008，40（2）：1-3.

［20］樊杰. "人地关系地域系统"是综合研究地理格局形成与演变规律的理论基石［J］. 地理学报，2018，73（4）：597-607.

［21］何东进，洪伟，胡海清. 景观生态学的基本理论及中国景观生态学的研究进展［J］. 江西农业大学学报，2003，25（2）：276-282.

［22］邬建国. 景观生态学：概念与理论［J］. 生态学杂志，2000，19（1）：42-52.

［23］王云才. 基于景观破碎度分析的传统地域文化景观保护模式：以浙江诸暨市直埠镇为例［J］. 地理研究，2011，30（1）：10-22.

［24］罗燊. 乡村生活空间网络研究［D］. 武汉：华中师范大学，2020.

［25］刘宣，王小依. 行动者网络理论在人文地理领域应用研究述评［J］. 地理科学进展，2013，32（7）：1139-1147.

［26］陆天华, 于涛. 基于社会网络分析的旅游地乡村社会空间重构研究: 以南京世凹"美丽乡村"为例[J]. 地理科学, 2020, 40(9): 1522-1531.

［27］袁超, 陈品宇, 孔翔, 等. 行动者网络理论与人文地理学的交互关系研究: 重构、争辩与反思[J]. 地理研究, 2021, 40(2): 583-596.

［28］成文浩. 行动者网络理论在人文地理领域应用研究述评[J]. 科技展望, 2015, 25(30): 260.

［29］毛丹, 王萍. 英语学术界的乡村转型研究[J]. 社会学研究, 2014, 29(1): 194-216.

［30］CLOKE P, GOODWIN M. Conceptualizing countryside change: From post-fordism to rural structured coherence [J]. Transactions of the Institute of British Geographers, 1992, 17(3): 321.

［31］NEWBY H. Locality and rurality: The restructuring of rural social relations [J]. Regional Studies, 1986, 20(3): 209-215.

［32］MARSDEN T K, WHATMORE S J, MUNTON R J C. Uneven development and the restructuring process in British agriculture: A preliminary exploration [J]. Journal of Rural Studies, 1987, 3(4): 297-308.

［33］WHATMORE S, MUNTON R, MARSDEN T. The rural restructuring process: Emerging divisions of agricultural property rights[J]. Regional Studies, 1990, 24(3): 235-245.

［34］HOGGART K, PANIAGUA A. What rural restructuring? [J]. Journal of Rural Studies, 2001, 17(1): 41-62.

［35］KEEBLE D, OWENS P L, THOMPSON C. The urban-rural manufacturing shift in the European community [J]. Urban Studies, 1983, 20(4): 405-418.

［36］WILSON O J. Rural restructuring and agriculture-rural economy linkages: A New Zealand study[J]. Journal of Rural Studies, 1995, 11(4): 417-431.

［37］王萍. 发达国家乡村转型研究及其提供的思考［J］. 浙江社会科学, 2015
(4): 56-62,156-157.

［38］MARSDEN T. Rural futures: The consumption countryside and its regulation
［J］. Sociologia Ruralis, 1999, 39(4): 501-526.

［39］陈振明, 黄新华. 政治经济学的复兴: 西方"新政治经济学"的兴起、主题
与意义［J］. 厦门大学学报(哲学社会科学版), 2004, 54(1): 14-23.

［40］CLOKE P. Country backwater to virtual village? Rural studies and 'the cultural
turn'［J］. Journal of Rural Studies, 1997, 13(4): 367-375.

［41］MARSDEN T. Rural geography trend report: The social and political bases of
rural restructuring ［J］. Progress in Human Geography, 1996, 20 (2):
246-258.

［42］HOLMES J. Impulses towards a multifunctional transition in rural Australia:
Gaps in the research agenda［J］. Journal of Rural Studies, 2006, 22(2):
142-160.

［43］WILSON G A. From 'weak' to 'strong' multifunctionality: Conceptualising
farm-level multifunctional transitional pathways［J］. Journal of Rural Studies,
2008, 24(3): 367-383.

［44］POTTER C, BURNEY J. Agricultural multifunctionality in the WTO—Legiti-
mate non-trade concern or disguised protectionism? ［J］. Journal of Rural
Studies, 2002, 18(1): 35-47.

［45］LOSCH B. Debating the multifunctionality of agriculture: From trade negotia-
tions to development policies by the south［J］. Journal of Agrarian Change,
2004, 4(3): 336-360.

［46］HOLLANDER G M. Agricultural trade liberalization, multifunctionality, and
sugar in the south Florida landscape［J］. Geoforum, 2004, 35(3): 299-312.

[47] NELSON P B. Rural restructuring in the American west: Land use, family and class discourses[J]. Journal of Rural Studies, 2001, 17(4): 395-407.

[48] MCCARTHY J. Rural geography: Multifunctional rural geographies-reactionary or radical? [J]. Progress in Human Geography, 2005, 29(6): 773-782.

[49] WIILSON G A, RIGG J. 'Post-productivist' agricultural regimes and the South: Discordant concepts? [J]. Progress in Human Geography, 2003, 27 (6): 681-707.

[50] WILSON G A. The Australian Landcare movement: Towards 'post-productivist' rural governance? [J]. Journal of Rural Studies, 2004, 20(4): 461-484.

[51] 约翰斯顿. 哲学与人文地理学[M]. 蔡运龙, 江涛, 译. 北京:商务印书馆, 2017.

[52] 约翰斯顿. 地理学与地理学家:1945 年以来的英美人文地理学[M]. 唐晓峰, 等译. 北京:商务印书馆, 2010.

[53] 钱俊希. 后结构主义语境下的社会理论:米歇尔·福柯与亨利·列斐伏尔[J]. 人文地理, 2013, 28(2): 45-52.

[54] CLOKE P, GOODWIN M, MILBOURNE P, et al. Deprivation, poverty and marginalization in rural lifestyles in England and Wales[J]. Journal of Rural Studies, 1995, 11(4): 351-365.

[55] CLOKE P, MARSDEN T, MOONEY P. Handbook of Rural Studies[M]. London: Sage Publications Ltd, 2006.

[56] LAWRENCE M. Heartlands or neglected geographies? Liminality, power, and the hyperreal rural[J]. Journal of Rural Studies, 1997, 13(1): 1-17.

[57] HALFACREE K. From dropping out to leading on? British counter-cultural back-to-the-land in a changing rurality[J]. Progress in Human Geography, 2006, 30(3): 309-336.

［58］CLOKE P, DOEL M, MATLESS D, et al. Writing the Rural［M］. London: Sage Publications Ltd, 1994.

［59］HALFACREE K H. Locality and social representation: Space, discourse and alternative definitions of the rural［J］. Journal of Rural Studies, 1993, 9(1): 23-37.

［60］HALFACREE K, BOYLE P. Migration into Rural Areas: Theories and Issues ［M］. Chichester: Wiley, 1998.

［61］HALFACREE K H. Rurality and post-rurality［M］//International Encyclopedia of Human Geography. Amsterdam: Elsevier, 2009: 449-456.

［62］WOODS M. Rural［M］. London: Routledge, 2011.

［63］贺灿飞, 毛熙彦. 尺度重构视角下的经济全球化研究［J］. 地理科学进展, 2015, 34(9): 1073-1083.

［64］BRUNORI G. Post-rural processes in wealthy rural areas: Hybrid networks and symbolic capital［J］. Research in Rural Sociology and Development, 2006, 12: 121-145.

［65］余斌, 卢燕, 曾菊新, 等. 乡村生活空间研究进展及展望［J］. 地理科学, 2017, 37(3): 375-385.

［66］吕祖宜, 林耿. 混杂性: 关于乡村性的再认识［J］. 地理研究, 2017, 36 (10): 1873-1885.

［67］BARRETT S. Cultural Geography: A Critical Dictionary of Key Concepts［J］. Reference Reviews, 2006, 20(2):55-56.

［68］CLOKE P, JONES O. Dwelling, place, and landscape: An orchard in somerset［J］. Environment and Planning A: Economy and Space, 2001, 33(4): 649-666.

［69］WOODS M. Engaging the global countryside: Globalization, hybridity and the reconstitution of rural place[J]. Progress in Human Geography, 2007, 31 (4): 485-507.

[70] GRANOVETTER M. Economic action and social structure: The problem of embeddedness[J]. American Journal of Sociology, 1985, 91(3): 481-510.

[71] ZHANG X D. Postsocialism and cultural politics: China in the last decade of the twentieth century[M]. Durham, N. C.: Duke University Press, 2008.

[72] WINCHESTER H P M, ROFE M W. Christmas in the 'Valley of Praise': Intersections of the rural idyll, heritage and community in Lobethal, South Australia[J]. Journal of Rural Studies, 2005, 21(3): 265-279.

[73] WOODS M. Precarious rural cosmopolitanism: Negotiating globalization, migration and diversity in Irish small towns[J]. Journal of Rural Studies, 2018, 64: 164-176.

[74] KRIVOKAPIC-SKOKO B, REID C, COLLINS J. Rural cosmopolitism in Australia[J]. Journal of Rural Studies, 2018, 64: 153-163.

[75] GERTEL J, SIPPEL S R. Seasonal Workers in Mediterranean Agriculture [M]. London: Routledge, 2014.

[76] 纪明, 梁东黎. 后工业化时代经济大国低经济增长率之迷: 结构变迁视角 [J]. 经济管理, 2011, 33(3): 17-25.

[77] 张康之. 后工业化进程中的合作治理渴求[J]. 社会科学研究, 2009(2): 15-24.

[78] 杨建军. 关于逆城市化的性质[J]. 人文地理, 1995, 10(1): 28-32,20.

[79] NELSON L, NELSON P B. The global rural: Gentrification and linked migration in the rural USA[J]. Progress in Human Geography, 2011, 35(4): 441-459.

[80] RYE J F. Labour migrants and rural change: The "mobility transformation" of

Hitra/Frøya, Norway, 2005－2015[J]. Journal of Rural Studies, 2018, 64: 189-199.

[81] HEDLUND M, LUNDHOLM E. Restructuring of rural Sweden-Employment transition and out-migration of three cohorts born 1945－1980[J]. Journal of Rural Studies, 2015, 42: 123-132.

[82] VIAS A C. Bigger stores, more stores, or no stores: Paths of retail restructuring in rural America[J]. Journal of Rural Studies, 2004, 20(3): 303-318.

[83] RYE J F. Conflicts and contestations. Rural populations' perspectives on the second homes phenomenon[J]. Journal of Rural Studies, 2011, 27(3): 263-274.

[84] 徐梦洁, 史敏琦. 我国农村劳动力转移研究进展[J]. 天津农业科学, 2019, 25(1): 58-64.

[85] 丁蕊, 母彦婷, 李艳波. 农村劳动力转移的生态环境影响研究进展[J]. 生态经济, 2019, 35(2): 142-147,173.

[86] 宋林飞. 中国农村劳动力的转移与对策[J]. 社会学研究, 1996(2): 105-117.

[87] 胡枫. 中国农村劳动力转移的研究: 一个文献综述[J]. 浙江社会科学, 2007(1): 207-212.

[88] 林毅夫. 深化农村体制改革, 加速农村劳动力转移[J]. 中国行政管理, 2003(11): 20-22.

[89] 刘秀梅, 田维明. 我国农村劳动力转移对经济增长的贡献分析[J]. 管理世界, 2005(1): 91-95.

[90] 陈晓华, 黄延信, 姜文胜. 农村劳动力转移就业现状、问题及对策[J]. 农业经济问题, 2005, 26(8): 29-34, 79.

[91] 魏后凯. 对中国乡村工业化问题的探讨[J]. 经济学家, 1994(5): 75-82.

[92] 李卫平, 岳谦厚. 近20年中国乡村工业化及城镇化研究回顾与省思[J]. 福建师范大学学报(哲学社会科学版), 2015(5): 125-133, 171.

[93] 刘盛和, 陈田, 蔡建明. 中国半城市化现象及其研究重点[J]. 地理学报, 2004, 59(S1): 101-108.

[94] 苗长虹. 乡村工业化对中国乡村城市转型的影响[J]. 地理科学, 1998, 18(5): 409-417.

[95] 安传艳, 李同昇, 翟洲燕, 等. 1992—2016年中国乡村旅游研究特征与趋势: 基于CiteSpace知识图谱分析[J]. 地理科学进展, 2018, 37(9): 1186-1200.

[96] 张辉, 岳燕祥. 全域旅游的理性思考[J]. 旅游学刊, 2016, 31(9): 15-17.

[97] 刘睿. 国内外旅游化研究综述[J]. 旅游学刊, 2015, 30(2): 110-117.

[98] 朱竑, 贾莲莲. 基于旅游"城市化"背景下的城市"旅游化": 桂林案例[J]. 经济地理, 2006, 26(1): 151-155.

[99] YOUNG B. Touristization of traditional Maltese fishing-farming villages[J]. Tourism Management, 1983, 4(1): 35-41.

[100] 刘刚. 从日本山村旅游开发看云南的旅游化[J]. 民族工作, 1996(2): 23-25.

[101] WANG N. Tourism and modernity: a sociological analysis[M]. New York: Pergamon, 2000.

[102] 王新越, 吴宁宁, 秦素贞. 山东省旅游化发展水平的测度及时空差异分析[J]. 人文地理, 2014, 29(4): 146-154.

[103] 陆林, 任以胜, 朱道才, 等. 乡村旅游引导乡村振兴的研究框架与展望[J]. 地理研究, 2019, 38(1): 102-118.

[104] 伍乐平, 肖美娟, 苏颖. 乡村旅游与传统文化重构: 以日本乡村旅游为

例[J]. 生态经济, 2012, 28(5): 154-157.

[105] 席建超, 王新歌, 孔钦钦, 等. 过去25年旅游村落社会空间的微尺度重构: 河北野三坡苟各庄村案例实证[J]. 地理研究, 2014, 33(10): 1928-1941.

[106] 程哲, 蔡建明, 崔莉, 等. 乡村转型发展产业驱动机制: 以盘锦乡村旅游为例[J]. 农业现代化研究, 2016, 37(1): 143-150.

[107] 杨忍, 刘彦随, 龙花楼, 等. 中国乡村转型重构研究进展与展望: 逻辑主线与内容框架[J]. 地理科学进展, 2015, 34(8): 1019-1030.

[108] 姬亚岚. 多功能农业的产生背景、研究概况与借鉴意义[J]. 经济社会体制比较, 2009(4): 157-162.

[109] 陈锡文. 研究农业多功能性问题意义重大[N]. 人民日报, 2007(6).

[110] 尹成杰. 农业多功能性与推进现代农业建设[J]. 中国农村经济, 2007(7): 4-9.

[111] 蔡胜勋. 多功能农业视角下的河南农业演变轨迹(1949—2012)[J]. 地域研究与开发, 2014, 33(1): 113-116,141.

[112] 龙花楼, 李婷婷. 中国耕地和农村宅基地利用转型耦合分析[J]. 地理学报, 2012, 67(2): 201-210.

[113] 龙花楼, 屠爽爽. 土地利用转型与乡村振兴[J]. 中国土地科学, 2018, 32(7): 1-6.

[114] 曲艺, 龙花楼. 中国耕地利用隐性形态转型的多学科综合研究框架[J]. 地理学报, 2018, 73(7): 1226-1241.

[115] 吴冠岑, 牛星, 许恒周. 乡村土地旅游化流转的风险评价研究[J]. 经济地理, 2013, 33(3): 187-191.

[116] 刘永强, 龙花楼. 黄淮海平原农区土地利用转型及其动力机制[J]. 地理学报, 2016, 71(4): 666-679.

[117] 龙花楼，张英男，屠爽爽. 论土地整治与乡村振兴[J]. 地理学报，2018，73(10)：1837-1849.

[118] 龙花楼. 区域土地利用转型与土地整理[J]. 地理科学进展，2003，22(2)：133-140.

[119] 刘彦随. 中国东部沿海地区乡村转型发展与新农村建设[J]. 地理学报，2007，62(6)：563-570.

[120] 陈晓华，张小林."苏南模式"变迁下的乡村转型[J]. 农业经济问题，2008，29(8)：21-25，110-111.

[121] 龙花楼，邹健. 我国快速城镇化进程中的乡村转型发展[J]. 苏州大学学报(哲学社会科学版)，2011，32(4)：97-100.

[122] 龙花楼，屠爽爽. 论乡村重构[J]. 地理学报，2017，72(4)：563-576.

[123] 刘彦随. 中国新时代城乡融合与乡村振兴[J]. 地理学报，2018，73(4)：637-650.

[124] 冯健. 乡村重构：模式与创新[M]. 北京：商务印书馆，2012.

[125] 魏宏森，曾国屏. 系统论：系统科学哲学[M]. 北京：清华大学出版社，1995.

[126] 张茜茜，廖和平，巫芯宇，等. 乡村振兴背景下的"人、地、业"转型空间差异及影响因素分析：以重庆市渝北区为例[J]. 西南大学学报(自然科学版)，2019，41(4)：1-9.

[127] 李婷婷，龙花楼. 基于"人口—土地—产业"视角的乡村转型发展研究：以山东省为例[J]. 经济地理，2015，35(10)：149-155，138.

[128] 龙花楼，屠爽爽. 乡村重构的理论认知[J]. 地理科学进展，2018，37(5)：581-590.

[129] 丁志铭. 农村社区空间变迁研究[J]. 南京师大学报(社会科学版)，1996(4)：23-28.

[130] 张京祥，申明锐，赵晨. 乡村复兴：生产主义和后生产主义下的中国乡村转型[J]. 国际城市规划，2014，29(5)：1-7.

[131] 韩非，蔡建明. 我国半城市化地区乡村聚落的形态演变与重建[J]. 地理研究，2011，30(7)：1271-1284.

[132] 屠爽爽，龙花楼，张英男，等. 典型村域乡村重构的过程及其驱动因素[J]. 地理学报，2019，74(2)：323-339.

[133] 周华，王炳君. 江苏省乡村性及乡村转型发展耦合关系研究[J]. 中国人口·资源与环境，2013，23(9)：48-55.

[134] 李婷婷，龙花楼. 山东省乡村转型发展时空格局[J]. 地理研究，2014，33(3)：490-500.

[135] 龙花楼，李婷婷，邹健. 我国乡村转型发展动力机制与优化对策的典型分析[J]. 经济地理，2011，31(12)：2080-2085.

[136] 王艳飞，刘彦随，李玉恒. 乡村转型发展格局与驱动机制的区域性分析[J]. 经济地理，2016，36(5)：135-142.

[137] 房艳刚，刘继生. 基于多功能理论的中国乡村发展多元化探讨：超越"现代化"发展范式[J]. 地理学报，2015，70(2)：257-270.

[138] 李平星，陈雯，孙伟. 经济发达地区乡村地域多功能空间分异及影响因素：以江苏省为例[J]. 地理学报，2014，69(6)：797-807.

[139] 徐凯，房艳刚. 乡村地域多功能空间分异特征及类型识别：以辽宁省78个区县为例[J]. 地理研究，2019，38(3)：482-495.

[140] 折晓叶，陈婴婴. 社区的实践："超级村庄"的发展历程[M]. 杭州：浙江人民出版社，2000：5-10.

[141] 折晓叶，陈婴婴. 超级村庄的基本特征及"中间"形态[J]. 社会学研究，1997，12(6)：37-45.

[142] 刘彦随，刘玉. 中国农村空心化问题研究的进展与展望[J]. 地理研究，2010，29(1)：35-42.

[143] 王文龙. 警惕农村的另类"空心"问题[J]. 经济体制改革, 2010(4): 95-98.

[144] 张昭. 关于河北省空心村治理的理论探讨[J]. 河北师范大学学报, 1998, 22(4): 573-576.

[145] 陈玉福, 孙虎, 刘彦随. 中国典型农区空心村综合整治模式[J]. 地理学报, 2010, 65(6): 727-735.

[146] 姜绍静, 罗泮. 空心村问题研究进展与成果综述[J]. 中国人口·资源与环境, 2014, 24(6): 51-58.

[147] 龙花楼, 李裕瑞, 刘彦随. 中国空心化村庄演化特征及其动力机制[J]. 地理学报, 2009, 64(10): 1203-1213.

[148] 杨忍, 陈燕纯. 中国乡村地理学研究的主要热点演化及展望[J]. 地理科学进展, 2018, 37(5): 601-616.

[149] 余斌, 罗静, 曾菊新. 当代中国村镇空间变化与管治[M]. 北京: 科学出版社, 2016: 84-93.

[150] 宁志中, 张琦. 乡村优先发展背景下城乡要素流动与优化配置[J]. 地理研究, 2020, 39(10): 2201-2213.

[151] 王盈盈, 王敏. 数字地理视角的乡村研究及展望[J]. 世界地理研究, 2020, 29(6): 1248-1259.

[152] 戈大专, 龙花楼. 论乡村空间治理与城乡融合发展[J]. 地理学报, 2020, 75(6): 1272-1286.

[153] 贺灿飞, 朱晟君. 中国产业发展与布局的关联法则[J]. 地理学报, 2020, 75(12): 2684-2698.

[154] 龙花楼. 长江沿线样带土地利用变化与土地可持续利用[D]. 北京: 中国科学院地理科学与资源研究所, 2001.

[155] 龙花楼, 陈坤秋. 基于土地系统科学的土地利用转型与城乡融合发展[J]. 地理学报, 2021, 76(2): 295-309.

[156] 余斌, 李营营, 朱媛媛, 等. 中国中部农区乡村重构特征及其地域模式: 以江汉平原为例[J]. 自然资源学报, 2020, 35(9): 2063-2078.

[157] 龚迎春. 县域乡村地域功能演化与发展模式研究: 以河南省修武县为例 [M]. 北京: 人民出版社, 2014.

[158] 张斌, 茅锐. 工业赶超与经济结构失衡[J]. 中国社会科学, 2016(3): 80-98, 206.

[159] 贾占华, 谷国锋. 东北地区经济结构失衡水平评价及其对经济增长的影响研究: 基于空间计量模型分析[J]. 地理科学, 2019, 39(4): 636-643.

[160] 杜玉华. 社会结构: 一个概念的再考评[J]. 社会科学, 2013(8): 90-98.

[161] 吴沛丽. 旅游影响下西江千户苗寨村落群社会结构及其功能时空演变与机制研究[D]. 贵阳: 贵州师范大学, 2016.

[162] 陆大道. 关于"点-轴"空间结构系统的形成机理分析[J]. 地理科学, 2002, 22(1): 1-6.

[163] 朱鹤健. 地理学思维与实践[M]. 北京: 科学出版社, 2018.

[164] 王丹, 刘祖云. 国外乡村空间研究的进展与启示[J]. 地理科学进展, 2019, 38(12): 1991-2002.

[165] 胡晓亮, 李红波, 张小林, 等. 发达地区乡村空间商品化的过程与机制解析: 以苏州市西巷村为例[J]. 地理科学进展, 2021, 40(1): 171-182.

[166] 杨兴柱, 杨周, 朱跃. 世界遗产地乡村聚落功能转型与空间重构: 以汤口、寨西和山岔为例[J]. 地理研究, 2020, 39(10): 2214-2232.

[167] 李涛, 朱鹤, 王钊, 等. 苏南乡村旅游空间集聚特征与结构研究[J]. 地理研究, 2020, 39(10): 2281-2294.

[168] 严旭阳, 汤利华, 杨一介. 城乡关系视野下的空心村功能重构: 动力与机理: 北京密云干峪沟村"重生"案例研究[J]. 管理评论, 2020, 32

(4)：325-336.

[169] 郑殿元, 文琦, 王银, 等. 中国村域人口空心化分异机制及重构策略[J]. 经济地理, 2019, 39(2)：161-168, 189.

[170] 刘彦随, 刘玉, 陈玉福. 中国地域多功能性评价及其决策机制[J]. 地理学报, 2011, 66(10)：1379-1389.

[171] 李欣, 方斌, 殷如梦, 等. 村域尺度"三生"功能与生活质量感知空间格局及其关联：以江苏省扬中市为例[J]. 地理科学, 2020, 40(4)：599-607.

[172] 邹利林, 李裕瑞, 刘彦随, 等. 基于要素视角的耕地"三生"功能理论建构与实证研究[J]. 地理研究, 2021, 40(3)：839-855.

[173] 王成, 龙卓奇. 乡村生产空间系统演化的逻辑认知及数理表达[J]. 地理科学, 2020, 40(4)：535-543.

[174] 张小林. 乡村概念辨析[J]. 地理学报, 1998, 53(4)：365-371.

[175] 胡晓亮, 李红波, 张小林, 等. 乡村概念再认知[J]. 地理学报, 2020, 75(2)：398-409.

[176] 胡书玲, 余斌, 王明杰. 乡村重构与转型:西方经验及启示[J]. 地理研究, 2019, 38(12)：2833-2845.

[177] 胡书玲, 余斌, 卓蓉蓉, 等. 中国陆域地表人类活动与自然环境的空间关系研究[J]. 生态学报, 2020, 40(12)：3935-3943.

[178] 龙花楼. 《面向城乡融合的乡村多维重构研究:苏北地区的实证》评介[J]. 地理学报, 2021, 76(3)：764.

[179] 戴传固, 王敏, 陈建书, 等. 贵州构造运动特征及其地质意义[J]. 贵州地质, 2013, 30(2)：119-124.

[180] 王东, 张勃, 安美玲, 等. 基于SPEI的西南地区近53a干旱时空特征分析[J]. 自然资源学报, 2014, 29(6)：1003-1016.

[181] 张琪, 李跃清. 近48年西南地区降水量和雨日的气候变化特征[J]. 高

原气象, 2014, 33(2): 372-383.

[182] 秦松, 范成五, 孙锐锋. 贵州土壤资源的特点、问题及利用对策[J]. 贵州农业科学, 2009, 37(5): 94-98.

[183] 李旭东. 贵州乌蒙山区资源相对承载力的时空动态变化[J]. 地理研究, 2013, 32(2): 233-244.

[184] 龚记熠. 四山八水的贵州生态轮廓[J]. 大众科学, 2018(5): 52-53.

[185] 王世杰, 李阳兵, 李瑞玲. 喀斯特石漠化的形成背景、演化与治理[J]. 第四纪研究, 2003, 23(6): 657-666.

[186] 陈建庚. 苗岭山地构造地貌的发育及其生态环境的分异特征[J]. 贵州科学, 2004, 22(3): 29-33.

[187] 陈起伟, 熊康宁, 兰安军. 基于3S的贵州喀斯特石漠化遥感监测研究[J]. 干旱区资源与环境, 2014, 28(3): 62-67.

[188] 熊康宁, 李晋, 龙明忠. 典型喀斯特石漠化治理区水土流失特征与关键问题[J]. 地理学报, 2012, 67(7): 878-888.

[189] 李正, 王军, 白中科, 等. 贵州省土地利用及其生态系统服务价值与灰色预测[J]. 地理科学进展, 2012, 31(5): 577-583.

[190] 王永明, 王美霞, 吴殿廷, 等. 贵州省乡村贫困空间格局与形成机制分析[J]. 地理科学, 2017, 37(2): 217-227.

[191] 贵州通史编委会. 贵州通史第5卷: 当代的贵州[M]. 北京: 当代中国出版社, 2003.

[192] 张晓松. 历史文化视角下的贵州地方性知识考察: 以符号和仪式为样本[D]. 长春: 东北师范大学, 2011.

[193] 贵州省统计局, 国家统计局贵州调查总队. 贵州六十年: 1949-2009[M]. 北京: 中国统计出版社, 2009.

[194] 贵州省农业普查办公室. 贵州农业研究: 贵州省第二次农业普查资料开发课题研究[M]. 北京: 中国统计出版社, 2010.

[195] 贵州省统计局. 贵州统计年鉴-2001[M]. 北京：中国统计出版社，2001.

[196] 贵州省统计局. 贵州统计年鉴-2000[M]. 北京：中国统计出版社，2000.

[197] 贵州省发展与改革委员会.贵州省国民经济与社会发展第十二个五年规划纲要[EB/OL].(2011-01-22)[2023-09-10].

[198] 贵州省发展与改革委员会.贵州省国民经济与社会发展第十三个五年规划纲要[EB/OL].(2016-02-17)[2023-09-10].

[199] 贵州省文化和旅游厅.贵州省"十四五"文化和旅游发展规划[EB/OL].(2021-10-12)[2023-09-10].

[200] 蔡承智，梁颖，刘希磊，等.贵州农业生态文明建设研究综述[J].生态经济，2010，26(3)：103-106.

[201] 何腾兵.贵州喀斯特山区水土流失状况及生态农业建设途径探讨[J].水土保持学报，2000，14(S1)：28-34.

[202] 周丕东，刘春波，张佩.贵州山地农业机械化发展现状及对策建议[J].中国农机化学报，2020，41(7)：231-236.

[203] 陈彧.贵州特色农业发展研究[D].贵阳：贵州大学，2008.

[204] 刘安乐，杨承玥，明庆忠，等.贵州县域乡村旅游发展潜力评价及其空间分异特征[J].桂林理工大学学报，2021，41(3)：695-704.

[205] 蔡为民，唐华俊，陈佑启，等.土地利用系统健康评价的框架与指标选择[J].中国人口·资源与环境，2004，14(1)：31-35.

[206] 王璐，包革军，王雪峰.综合评价中一种新的指标选择方法[J].数理统计与管理，2004，23(1)：72-76.

[207] 王璐，庞皓.综合评价中的指标选择方法[J].统计与决策，2007(1)：58-59.

[208] 宋旭光.可持续发展指标选择的理论与实践[J].统计与信息论坛，

2003, 18(6): 8-10,14.

[209] 孙贤斌, 刘红玉. 基于生态功能评价的湿地景观格局优化及其效应: 以江苏盐城海滨湿地为例[J]. 生态学报, 2010, 30(5): 1157-1166.

[210] 常学礼, 韩艳, 孙小艳, 等. 干旱区绿洲扩展过程中的景观变化分析[J]. 中国沙漠, 2012, 32(3): 857-862.

[211] 董玉红, 刘世梁, 安南南, 等. 基于景观指数和空间自相关的吉林大安市景观格局动态研究[J]. 自然资源学报, 2015, 30(11): 1860-1871.

[212] 徐烨, 杨帆, 颜昌宙. 基于景观格局分析的雄安城市湿地生态健康评价[J]. 生态学报, 2020, 40(20): 7132-7142.

[213] 郭明, 马明国, 肖笃宁, 等. 基于遥感和 GIS 的干旱区绿洲景观破碎化分析: 以金塔绿洲为例[J]. 中国沙漠, 2004, 24(2): 201-206.

[214] 虞文娟, 任田, 周伟奇, 等. 区域城市扩张对森林景观破碎化的影响: 以粤港澳大湾区为例[J]. 生态学报, 2020, 40(23): 8474-8481.

[215] 屠爽爽. 城镇化进程中黄淮海地区乡村重构的过程与机理研究[D]. 北京: 中国科学院大学, 2017.

[216] 黄姣, 高阳, 赵志强, 等. 基于 GIS 与 SOFM 网络的中国综合自然区划[J]. 地理研究, 2011, 30(9): 1648-1659.

[217] 冯喆, 蒋洪强, 卢亚灵. 基于大数据方法和 SOFM 聚类的中国经济-环境综合分区研究[J]. 地理科学, 2019, 39(2): 242-251.

[218] 刘玉, 刘彦随, 郭丽英. 基于 SOFM 的环渤海地区乡村地域功能分区[J]. 人文地理, 2013, 28(3): 114-120.

[219] 谢高地, 张彩霞, 张雷明, 等. 基于单位面积价值当量因子的生态系统服务价值化方法改进[J]. 自然资源学报, 2015, 30(8): 1243-1254.

[220] 谢高地, 鲁春霞, 肖玉, 等. 青藏高原高寒草地生态系统服务价值评估[J]. 山地学报, 2003, 21(1): 50-55.

[221] 谢高地, 鲁春霞, 冷允法, 等. 青藏高原生态资产的价值评估[J]. 自然

资源学报，2003，18(2)：189-196.

[222] 谢高地，甄霖，鲁春霞，等. 一个基于专家知识的生态系统服务价值化方法[J]. 自然资源学报，2008，23(5)：911-919.

[223] 宋淑丽，齐伟娜. 基于多元线性回归的农村剩余劳动力转移研究：以黑龙江省为例[J]. 农业技术经济，2014(4)：104-110.

[224] 王培刚，周长城. 当前中国居民收入差距扩大的实证分析与动态研究：基于多元线性回归模型的阐释[J]. 管理世界，2005(11)：34-44，171-172.

[225] 王惠文，孟洁. 多元线性回归的预测建模方法[J]. 北京航空航天大学学报，2007，33(4)：500-504.

[226] 杜展鹏，王明净，严长安，等. 基于绝对主成分-多元线性回归的滇池污染源解析[J]. 环境科学学报，2020，40(3)：1130-1137.

[227] 黄思，唐晓，徐文帅，等. 利用多模式集合和多元线性回归改进北京$PM_{10}$预报[J]. 环境科学学报，2015，35(1)：56-64.

[228] 周扬，李寻欢，童春阳，等. 中国村域贫困地理格局及其分异机理[J]. 地理学报，2021，76(4)：903-920.

[229] 高俊，王灵恩，黄巧. 边境旅游地乡村转型及可持续发展路径：云南打洛口岸地区的民族志研究[J]. 地理研究，2020，39(10)：2233-2248.

[230] 吴毅. 自我主义个体户：一个苗寨共同体的"钱"途"昧"路[D]. 北京：清华大学，2017.

[231] 何景明. 边远贫困地区民族村寨旅游发展的省思：以贵州西江千户苗寨为中心的考察[J]. 旅游学刊，2010，25(2)：59-65.

[232] 乔家君. 中国乡村地域经济论[M]. 北京：科学出版社，2008

[233] 高更和. 中国中部农区农户经济活动区位研究：以河南省南阳市6个村为例[M]. 北京：经济科学出版社，2013.

[234] 乔家君. 中国中部农区村域人地关系系统定量研究：河南省巩义市吴沟

村、溥沱村、孝南村的实证分析[D]. 开封：河南大学，2004.

[235] 贺雪峰. 农村社会结构变迁四十年：1978—2018[J]. 学习与探索，2018（11）：59-65，191.

[236] 郭文，朱竑. 社会文化地理知识生产的表征与非表征维度[J]. 地理科学，2020，40（7）：1039-1049.

[237] 徐冬，黄震方，洪学婷，等. 乡村旅游地文化胁迫类型、格局与机理研究：以苏州东山镇为例[J]. 地理研究，2020，39（10）：2249-2267.

[238] 胡西武，刘小鹏，黄越，等. 宁夏生态移民村空间剥夺测度及影响因素[J]. 地理学报，2020，75（10）：2224-2240.

[239] 程美宝. 地域文化与国家认同：晚清以来"广东文化"观的形成[M]. 北京：生活·读书·新知三联书店，2006.

[240] 屠爽爽，龙花楼. 乡村聚落空间重构的理论解析[J]. 地理科学，2020，40（4）：509-517.

[241] 陶慧，高喆，乔婧. 从阈限到融合：基于HIS视角的传统聚落重构路径研究[J]. 西北民族研究，2020（4）：140-151.

[242] 曲衍波. 论乡村聚落转型[J]. 地理科学，2020，40（4）：572-580.

[243] 李红波. 韧性理论视角下乡村聚落研究启示[J]. 地理科学，2020，40（4）：556-562.

[244] 王乃举，黄翔. 文化生态型乡村重构与旅游发展研究：以安徽池州市为例[J]. 旅游研究，2010，2（2）：56-60，68.

[245] 李哈滨，王政权，王庆成. 空间异质性定量研究理论与方法[J]. 应用生态学报，1998，9（6）：651-657.

[246] 张遵东，章立峰. 贵州民族地区乡村旅游扶贫对农民收入的影响研究：以雷山县西江苗寨为例[J]. 贵州民族研究，2011，32（6）：66-71.

[247] 杨忍，徐茜，周敬东，等. 基于行动者网络理论的逢简村传统村落空间转型机制解析[J]. 地理科学，2018，38（11）：1817-1827.

[248] 李鹏, 张小敏, 陈慧. 行动者网络视域下世界遗产地的空间生产: 以广东开平碉楼与村落为例[J]. 热带地理, 2014, 34(4): 429-437.

[249] 李裕瑞, 刘彦随, 龙花楼. 黄淮海典型地区村域转型发展的特征与机理[J]. 地理学报, 2012, 67(6): 771-782.

[250] 郭远智, 刘彦随. 中国乡村发展进程与乡村振兴路径[J]. 地理学报, 2021, 76(6): 1408-1421.

[251] 刘有祥. 推动贵州山地高效农业与旅游业耦合发展: 贵州山地高效农业与旅游业耦合发展典型案例剖析[J]. 理论与当代, 2019(8): 37-39.

[252] 刘守英, 王一鸽. 从乡土中国到城乡中国: 中国转型的乡村变迁视角[J]. 管理世界, 2018, 34(10): 128-146, 232.

[253] 李智, 刘劲松. 冀南平原典型农业村落转型特征及成长机制[J]. 地理学报, 2021, 76(4): 939-954.

[254] 乔秀萍. 乡村振兴背景下的乡村产业: 产业兴旺的一种社会学解释[J]. 农家参谋, 2020(12): 18.

[255] 周立. 乡村振兴战略与中国的百年乡村振兴实践[J]. 人民论坛·学术前沿, 2018(3): 6-13.

[256] 朱启臻. 乡村振兴背景下的乡村产业: 产业兴旺的一种社会学解释[J]. 中国农业大学学报(社会科学版), 2018, 35(3): 89-95.

[257] 李志龙. 乡村振兴-乡村旅游系统耦合机制与协调发展研究: 以湖南凤凰县为例[J]. 地理研究, 2019, 38(3): 643-654.

[258] 麻学锋, 刘玉林, 谭佳欣. 旅游驱动的乡村振兴实践及发展路径: 以张家界市武陵源区为例[J]. 地理科学, 2020, 40(12): 2019-2026.

[259] 贾晋, 李雪峰, 申云. 乡村振兴战略的指标体系构建与实证分析[J] 财经科学, 2018(11): 70-82.

[260] 贺雪峰. 乡村振兴与农村集体经济[J]. 武汉大学学报(哲学社会科学版), 2019, 72(4): 185-192.

［261］杨磊，徐双敏. 中坚农民支撑的乡村振兴：缘起、功能与路径选择［J］. 改革，2018（10）：60-70.

［262］龚丽兰，郑永君. 培育"新乡贤"：乡村振兴内生主体基础的构建机制 ［J］. 中国农村观察，2019（6）：59-76.

［263］宋小霞，王婷婷. 文化振兴是乡村振兴的"根"与"魂"：乡村文化振兴的 重要性分析及现状和对策研究［J］. 山东社会科学，2019（4）：176-181.

# 后　记

　　本书是本人在博士毕业学校华中师范大学所撰写的博士论文基础上的延伸与拓展,历经近七年的心血打磨而成,以期抛砖引玉,能够吸引更多的不同领域的学者和行业界同仁对西南地区乡村振兴的关注与研究。

　　本书凝聚了太多人的支持和关注,在书稿完成之际,首先要衷心感谢我尊敬的导师余斌教授,在我读博期间,耐心解答我的每一个提问,让我充分地参与课题研究夯实科研基本功,早早地给我安排好博士论文的选题,悉心地指导我的小论文和大论文写作。余老师博学多才的学术积淀、逻辑严明的哲学思辨、妙笔生花的文笔表达让我叹为观止,也受益终身。每每提笔,论文写作要讲究"思想、逻辑、文笔"的眷眷叮嘱萦绕脑海,余老师的学术精神和淳正品德照耀了我的学术生涯,也将继续启迪我在以后的道路上勇往直前。真诚感谢俞艳教授、罗明海教授、曾菊新教授、罗静教授、敖荣军教授、吴浩教授、周勇教授、郑文升教授、李星明教授、杨振教授等在我的博士论文完成过程中提出宝贵的修改意见,让我受益颇多。

　　特别感谢博士求学的同门卓蓉蓉师姐、同届张向敏和王明杰、师弟罗燊、师妹郭新伟、李营营、陈慧随、李小月等帮忙解决了理论上的困惑和解除了方法上的困境。特别感谢孙建伟师兄无私地为我提供了大量的本书案例的空间数据,特别感谢杨燕师妹在本书撰写过程中提供大量的数据分析和杂事处理的无私帮助。真诚感谢田野、陈国磊、陈云、蒋亮、徐涛、徐欣帮忙解答了许多论文写作的技术问题,特别感谢吴益坤、吴正祥、贾垚焱、陈四云、吕丽、陈洁等一起奋斗过的朋友们。

　　真诚感谢我所在单位贵州大学的相关领导和同事们,特别是王迪书记和李锦宏院长在我撰写本书过程中给予的支持和帮助,同事王仕佐、熊琛然、刘彩清、徐刚、徐平等给予了我诸多帮助和关心；真诚感谢贵州省旅游系统的相关领导和共同奋斗的同行们，特别是贵州省文化和旅游厅的敖克模处长、胡波处长、雷山县文体广电旅游局的唐劲松书记与杨勇主任为本书的实地调研和数据获取给予了极大的支持，真诚感谢一起实地调研的同行贵州师范大学老师吴毅、贵州民族大学老师徐强，吴毅老师更是无私地提供了他的未出版清华大学博士论文及相关资料供我参考；感谢国内旅游界的中科院席建超老师、中国社科院戴学锋老师对本书中民族村寨个案研究写作的启发，感谢贵州旅游界的前辈张晓松院长和杨春宇院长为本书撰写提出了较好的参考意见。

最后，衷心地感谢我的先生和儿子、我的父母以及先生的父母，是你们的支持让我顺利完成本书的撰写，陪我度过研究与撰写过程中的艰难时光。在以后的岁月中，愿永怀赤诚之心，努力成为一个踏实做人、用心做科研的学术探索者。